焼肉にまつわる言葉を
イラストと豆知識でジューシーに読み解く

焼肉語辞典

監修 田辺晋太郎　絵 平井さくら

誠文堂新光社

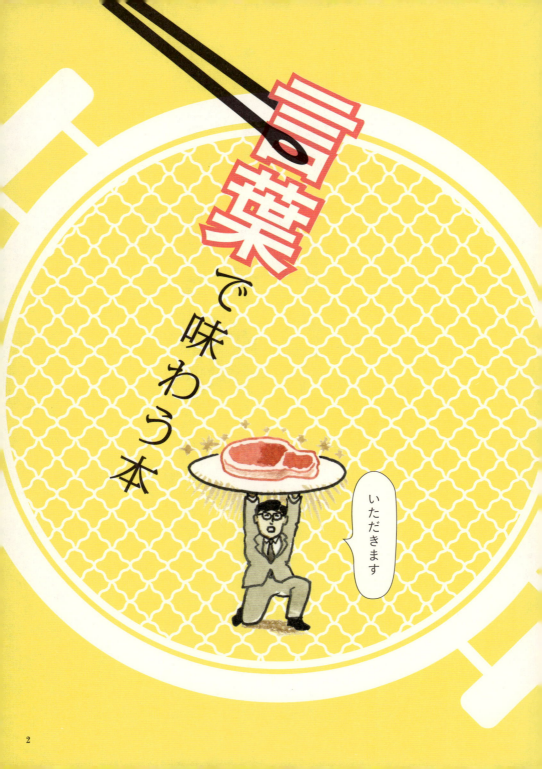

煌びやかに輝く霜降りの和牛

網の上からジューと肉の焼ける音

箸ではさんだ肉から滴る肉汁

口の中でトロける、噛むごとににじみ出る旨み

キンキンに冷えたビール

肉をタレに付けて白飯に乗せる

焼肉のシチュエーションを想像するだけで、唾液が口にたまってくる。
さまざまな料理がある中で、焼肉は素材から焼いて口に運ばれるまでの
ストーリーが存在する。腹一杯になればいいというものではなく、
その過程をいかに楽しむかが焼肉の充実度を決めるのではないだろうか。

「焼肉を食べにいこう」

「今晩は焼肉よ」

誰かにそういわれるだけで、ワクワクしてくる。
それは食事という概念だけではなく、
焼肉自体にエンターテイメント性があるからだ。
焼肉に関連する 680 語を読み進めていけば、
もう焼肉を食べにいく予定を立てていることだろう。

焼肉という食文化を誕生させた、また成り立たせている牛や豚に感謝して
「いただきます」

\ よくわかる！/
この本の読み方と楽しみ方

言葉の見方

50音順に「焼肉」に関する言葉を配列して解説しています。

例）一般的な言葉

❶ 見出し（名称）を表記。
焼肉の業界で一般とされる表記で掲載します。
❷ 見出しの意味や、関連する情報を解説し、うんちくも掲載しています。
❸ 解説をよりわかりやすくするために、関連するイラストや写真を掲載しています。

例）牛肉や豚肉などの部位

❹ 部位の名称。焼肉の業界で一般とされる表記で記載しているため、焼肉店によっては違う場合もあります。
❺ 牛や豚のどの場所にあたるか★マークで位置を示しています。
❻ 希少度、価格、かたさ、脂の度合いを5段階で表示しています。
❼ おすすめの焼き方とタレを記載しています。
❽ 部位の場所や味、焼き方、食べ方などの解説をしています。
❾ 部位の写真を掲載しています。

※同じ部位で名称が複数あります。別称の場合は、❻❼❾は記載していません。一般的な部位の名称にページリンクしています。

臀部の骨周りの部位でランプの隣に位置する。部分的にかたさと繊維質を感じるが、ランプに比べてきめが細かく、赤肉らしい濃厚な旨みがある。脂がしっかり入っているので焼肉に向いており、約3mmの薄切りが最適。塩胡椒、醤油、甘めのタレ、どれでも合う。

読み解き方

わからない言葉や知りたい言葉の頭文字から検索して確認できます。

1. 焼肉のメニューを極める

牛肉や豚肉の部位の解説のほか、ごはんや麺類、サラダなどのサイドメニューについても紹介。焼肉を注文するときに役立つほか、よりおいしく食べられるテクニックが身に付きます。

2. 焼肉の食べ方や楽しみ方を深める

調理器具やタレ、焼き方、食べ方などを詳しく解説。また、焼肉店だけでなく、家庭で焼肉をする場合の知識や技術も得られます。豆知識やうんちくも満載。

3. 焼肉の業界や市場について見聞を広める

銘柄や産地、流通、加工肉、焼肉店や小売店の情報など、業界の基礎知識やトレンドを知ることができます。また、映画やマンガなど芸術文化も盛り込まれています。

4. コラム「肉通！」「極める」で マニアック知識を得る

巻頭で食育業界の基本を紹介するとともに、焼肉語の途中にコラムページを挿入しています。「肉通！」はコアな専門知識、「極める」は実践型の情報を掲載しています。

5. 監修・田辺晋太郎からの 伝授！

この本の監修者である田辺晋太郎が、焼き方、食べ方など独自に編み出したテクニックを伝授するほか、特別付録では、焼肉に対する思いを綴っています。

焼肉語辞典 もくじ

- 2　言葉で味わう本
- 4　この本の読み方と楽しみ方

焼肉の基礎知識

- 12　焼肉は確立された食文化
- 14　牛肉の基本をおさえる
- 16　全国のブランド牛を知る
- 18　牛肉の部位を極める
- 20　豚肉の基本とブランド豚をおさえる
- 22　豚肉の部位を極める
- 24　豚肉の進化と魅力
- 26　鶏肉の基本とジビエをおさえる
- 28　焼肉のイメージトレーニング

あ行

- 30　アイスクリーム、アウトサイドスカート、褐毛和種、赤センマイ、赤身肉
- 31　赤もの、アキレス、あぐー豚、アサード
- 32　アズキ、厚切り（薄切り）、アナンダマイド、油、脂
- 33　炙る、網、網チェンジ、アミアブラ
- 34　アミノ酸、アメリカ牛、アラキドン酸、有田EMO牛、アルゼンチンビーフ
- 35　アルミホイル、阿波ポーク、安全、杏仁豆腐、イカ
- 36　E型肝炎ウイルス、いきなりステーキ、いしづち牛、石焼ビビンバ、いただきます
- 37　イチボ、一頭買い、猪肉
- 38　イノシン酸、命、いばらき地養豚、インサイドスカート、インジェクション、烏龍茶
- 39　兎肉、ウチモモ、ウェットエイジング、ウェルダン、ウチハラミ
- 40　田辺晋太郎の考える 肉の焼き方
- 42　旨み、裏返す、ウルテ、ウワミスジ
- 43　A5、映画、エイジング、栄養、エゴマの葉、SPF豚

44	枝肉、エバラ食品工業、エビ、エプロン、エリンギ	58	キッチンペーパー、きなこ豚、偽腹、キムチ、キムチクッパ
45	エンガワ、エンターテイメント、エンピツ、オイキムチ、雄牛	59	きめ、キモ、キャベツ、ギャラ芯、キャンプ
46	近江牛、オーストラリアビーフ、オーナー、沖縄、お茶漬け	60	【極める】タレの種類と特徴
47	おっぱい、音、おにぎり、オビ	62	牛角、牛スジ、牛刀、牛トロ、去勢牛
48	おまかせ、オリーブ牛、オンザライス、温度、温麺	63	霧島黒豚、筋繊維、きんつる、筋トレ、くさみ
49	【肉通！】冷凍肉と冷蔵肉	64	クッパ、クビカワ、熊肉、グラスフェッドビーフ
		65	クラシタ、クリミ、グリル、グルタミン酸、グレインフェッドビーフ、黒毛和種
50	ガーリックバター、海鮮、回転焼肉、カイノミ、格付け	66	黒豚、黒部名水ポーク、燻製、ケツ、ゲタ
51	カクテキ、カクマク、鹿児島黒牛、かごしま黒豚、鹿籠豚	67	ケバブ、健康志向、高座豚、コウネ、神戸ビーフ
52	かしら、ガス火、カセットコンロ、肩、肩バラ	68	神戸ワインビーフ、香味野菜、コース、氷、国産牛
53	肩ロース、ガツ、カット、金串	69	焦げ落とし（器具）、焦げた肉、コロロ、胡椒、コスパ
54	カボチャ、ガム、亀の子、鴨肉、唐揚げ、枯らし	70	コチュジャン、骨髄、コテッチャン、御殿場純粋金華豚、孤独のグルメ、ことわざ（慣用句）
55	カルシウム、カルビ、カルビスープ、火力	71	こぶくろ、コプチャン、ごま、ごま油
56	カロリー、岩塩、カンガルー肉、韓国のり、韓国冷麺	72	コムタン、コラーゲン、コリコリ、コリデール種、コンロ
57	カンピロバクター、ギアラ、ギザギザ、雉肉、希少部位	73	【極める】焼肉の道具

74	サーロイン、サイコロステーキ、菜箸、サウスダウン種
75	サエズリ、佐賀牛、サガリ、ササバラ
76	ササミ、サシ、サフォーク種、ざぶとん、サムギョプサル
77	サプリメント、サムゲタン、サムジャン、サラダ
78	サラダ菜、サルモネラ、三角バラ、三元豚、三田牛、三段バラ
79	サンチュ、飼育、シイタケ、塩、塩胡椒、塩ダレ
80	自家製、鹿肉、直火、シキン
81	シキンボウ、シシトウ、シズル、下処理、七輪、ジビエ
82	シビレ、脂肪、シマ腸、霜降り、シャーベット
83	シャトーブリアン、JAPANESE BLACK、しゃぶしゃぶ、熟成シート
84	【肉通！】食肉と流通
86	熟成肉、シュラスコ、上〜、消臭スプレー、焼酎、正肉
87	消費期限、賞味期限、醤油、食す、食中毒、ショクドウ
88	食道園、食肉市場、食のコンシェルジュ協会、叙々苑
89	食感、白老牛、しろ、シロコロ、ジンギスカン
90	信州牛、シンシン、しんたま、SHINPO、すい臓
91	スーパー、スープ、すき焼き、寿司、スタミナ、スタミナ苑
92	スタンディング、砂肝、スネ、酢の効能、スペアリブ、酢味噌
93	炭火、成型肉、精肉通販、精肉店、セキズイ、背肝
94	ゼラチン質、全国焼肉協会、仙台牛、鮮度、選別、センボン
95	センマイ、ソーセージ、ぞうきん、掃除、そともも、そぼろ

96	大根おろし、大山鶏、ダイチョウ、大ヨークシャー種、高森和牛
97	卓上コンロ、ダクト、タケノコ、但馬牛
98	但馬玄、田尻松蔵、たたき、タッケジャン、タテバラ
99	食べすぎ、食べ放題、食べログ、卵スープ、タマネギ
100	たむらけんじ、タレ、タレ皿、タン
101	タンモト、弾力、畜産、チゲ、チシャ（菜）、チチカブ
102	チヂミ、血抜き、着火剤、中ヨークシャー種、腸管出血性大腸菌O157
103	直腸、貯蔵室、チョレギ、チレ

104	つけダレ、壷キムチ、壷漬け、つまみ、ツラミ、ツル
105	鶴橋、低温、ディストリビューター、テクスチャー、テール
106	【極める】家焼肉のあり方
108	テグタン、デザート、テストステロン、テッチャン、テッポウ、てっぽう
109	手羽先、手羽元、デュロック種、寺門ジモン
110	天使の輪、とうがらし、唐辛子、トウモロコシ、等級
111	TOKYO X、トキソプラズマ、特上、特選、トッポギ
112	トッポギトック、どて、都萬牛、ドーナッツ
113	友三角、ともバラ、ドライエイジング、鶏皮、ドリップ、鶏もも
114	トレーサビリティ、ドレッシング、トング、豚足、トンテキ、とんトロ
115	【肉通!】薄切りと厚切り

116	内臓、中落ちカルビ、なか肉、名古屋コーチン、生卵
117	生肉、生ビール、生焼け、生レバー、ナムル
118	ナンコツ、にいがた和牛、肉切りハサミ、肉切り包丁、肉刺し
119	肉質、肉汁、肉食、肉食系、肉食ダイエット
120	肉処理班、肉摂取量、肉鍋、肉肉しい、肉の日、煮込み
121	日本酒、日本短角種、日式焼肉、乳牛、乳酸菌熟成
122	ニラ、人気、ニンジン、ニンニク、濡れタオル、寝かせる
123	ネギ、ねぎし、ネギ塩ダレ、ネギタン塩、ネギ飯、ネギ落下
124	ネクタイ、ネック、脳みそ、乗せすぎ、能登牛、喉越し
125	ノドシビレ、ノドスジ、ノドナンコツ、飲み会、飲み放題、飲むヨーグルト
126	【肉通!】脂の多いと少ない

127	バークシャー種、バーベキュー、ハイボール、白米、ハゴイタ、馬刺し
128	挟む、ハチノス、ハツ、ハツアブラ、白金豚
129	綴じ込み付録 田辺晋太郎の思う、焼肉
137	ハツモト、馬肉、ハネシタ、ハバキ、ハム、葉物
138	林SPF、ハラミ、ハンバーグ、ハンプシャー種、BSE
139	BFS、BMS、BCS、Pトロ、ビール、ビールケース
140	ビアガーデン、火起こし器、ヒザナンコツ、飛騨牛、飛騨地鶏

141	常陸牛、ひとり焼肉、火バサミ、ビビンバ、ビビン麺
142	ピーマン、冷奴、平田牧場三元豚、ヒレ、品種
143	【極める】焼肉デート
144	備長炭、副生物、富士幻豚、豚キムチ、豚丼、豚バラ
145	豚焼肉、歩留まり等級、フライパン、ブランド、ブリスケ
146	プルコギ、ブルー、ブルーベリーソース、ブルトン、ブロック肉、フワ
147	米国産牛肉、ヘッド（牛脂）、ベランダ、ベリーウェルダン、ペルシュロン、ホイル焼き
148	包丁、ホエー豚、牧草牛、ポークソテー、ホーデン、ホソ
149	ホタテ、ぼたん鍋、ホットプレート、骨付きカルビ、ほほ肉
150	掘りごたつ、ホルスタイン、ホルモン、ホルモンうどん、ホルモン天ぷら
151	ホワイトミート、本、本気、ポン酢、ポンド
152	【肉通！】韓国焼肉

154	まえ（牛の前半身）、前沢牛、マキ、巻き寿司

155	マクラ、マッコリ、松阪牛、マトン、マニア
156	幻の肉、マメ、まめ、マルカワ、丸腸
157	満腹、ミート、ミートスライサー、ミートフードEXPO、ミシュラン
158	ミスジ、味噌ダレ、ミディアム、ミディアムウェル、ミディアムレア
159	ミネラルウォーター、ミノ、ミノサンド、ミミ、ミミガー
160	宮崎牛、ミンチ、無煙ロースター、無角和種
161	無鉤条虫、ムネ、胸焼け、村上牛
162	銘柄、銘柄鶏、銘柄豚、明月館、名店、メイラード、メガネ
163	飯テロ、雌牛、メニュー、モチベーション、モツ
164	もつ鍋、もみ込み、もみじおろし、もみダレ、もも（牛の後ろ半身）
165	モモ、モモロース、もやし、モラル、盛岡冷麺
166	【肉通！】焼肉とジビエ

168	焼き網ホルダー、焼きうどん、焼き育てる、焼肉味、焼肉一人前、焼肉音頭

169	焼肉サンド、焼肉女子会、焼肉定食、焼肉店
170	焼肉店（雑誌）、焼肉店センゴク（漫画）、焼肉デート、焼肉ドラゴン、焼肉丼
171	焼肉の日、焼肉のまち、焼肉バイキング、焼肉バーガー、焼肉箸
172	焼肉フェス、焼肉奉行、焼肉弁当、焼肉ラーメン、火傷
173	ヤゲンナンコツ、野菜、野菜炒め、野鳥、ヤッキーくん
174	ヤットコ、山形牛、やまざきポーク、大和牛、大和肉鶏、やまと豚
175	ヤン、ヤンニョンジャン、游玄亭、有鉤条虫、柚子胡椒、輸送
176	ユッケ、ユッケジャン、ユッケジャンクッパ、輸入、夢の大地
177	横濱ビーフ、四字熟語、米沢牛、予約、夜
178	【肉通！】熟成肉

180	ラーメン、酪農、ラストオーダー、ラベル、ラム
181	ラムシン、ラムチョップ、ランイチ、ランチ、ランドレース種
182	ランプ、リクエスト、リサーチ、リピート、リブキャップ
183	リブロース芯、流通、料金、緑茶、旅行、ルール
184	りんごで育った信州牛、レア、冷蔵庫、冷凍肉、冷凍保存
185	冷麺、レシピ、レッドミート、レバー、レバニラ炒め
186	レモン、ロイン、65度、ロー、ロース
187	ロースター、ローストビーフ丼、労働者、ロストル、ロッキー、ローリング

188	ワイン、若狭牛、わかめスープ、和牛
189	わさび、わさび醬油、渡部建、和風ダレ、割り勘、割引

190	エバラ食品が聞きました！家焼肉意識調査
194	田辺晋太郎に聞きました！焼肉コンシェルジュ検定
196	焼肉は食の最高のエンターテイメント
198	協力者紹介
199	監修者紹介

焼肉の基礎知識 ①

焼肉は確立された食文化

日本に肉食が普及したのは第二次世界大戦後ともいわれているが、
味とエンターテイメント性で人々を魅了する焼肉は、
今では料理の定番ジャンルだ。

食すスタイル

拡大する焼肉店

外食産業が低迷する中、焼肉店の盛り上がりは勢いが止まらない。チェーン店の躍進、ホルモンや熟成肉など専門食材を打ち出す店、家族、女性、ひとり客をターゲットにする店など、その店のオリジナリティが光る。

家で家族と一緒に

身近な存在になった焼肉店だが、家で焼肉をする人はかなり多い。それは肉の流通の進化、また煙が出ない卓上コンロなど機器の発展が寄与している。いかにして焼肉店で食べる味に近づけるか、家焼肉のレベルは高まっている。

定番レジャーの
バーベキュー

アメリカのバーベキューでは、すべてを焼き終えて皿に盛って食べるスタイルだが、日本では焼肉のように焼きながら食べる。キャンプの中のいちイベントではなく、バーベキューのみでもレジャーとして確立されている。

焼肉関連の食品

"焼肉味"、"焼肉風"という文言を商品名にしたスナック菓子やインスタント食品なども身近な存在。この"焼肉味"が何の味をさすかはそれぞれだが、多くはタレの味だと思われる。「焼肉＝肉」とは限らないのが、焼肉の懐の深さだ。

食材ジャンル

主役の肉

原始時代から食肉の文化はあったが、牛肉の文化は比較的新しい。牛肉が普及した要因のひとつが明治時代にあった「牛鍋」ともいわれているが、今では牛肉が焼肉のメインとなった。戦後に内臓も食材として認知されてからは、部位の選択肢はさらに増えた。焼肉では、豚肉や鶏肉はサブというより、むしろ牛肉の部位を選ぶ感覚で選ぶと考えるほうが自然だ。焼き野菜、海鮮、ごはん・麺類、サラダ、デザートを含め、焼肉は食のデパート的な存在といえる。

野菜・海鮮

栄養面だけでなく、野菜や海鮮類は口の中をリセットする意味でも貴重な食材。野菜は焼くだけでなく、サラダや漬物としても存在価値がある。海鮮は肉と同じように厳選した食材を提供しているお店もある。

ごはん物・麺・スープ

サイドメニューはお店のオリジナリティが表れやすい。自家製キムチや石焼ビビンバなど、そのお店ならではのものはぜひ注文したい。また、サイドメニューはランチ定食として提供していることが多い。

焼肉の基礎知識 ②

牛肉の基本をおさえる

世界的に人気が高まっている和牛について、日本人でもよく知らない人が多い。国産牛との違いや品種について学ぼう。

国産牛と和牛

国産牛？

和牛？

キーポイントは"品種"

　一般的に勘違いしている人が多いのだが、国産牛とは「日本原産の牛」という意味ではない。品種を問わず日本国内での飼養期間が最も長い牛のことをさす。したがって、乳用牛のホルスタインや複数の品種を交配した交雑種であっても、日本での飼養期間が他国よりも長ければ国産牛と表示されるのだ。

　一方、和牛とは品種のこと。明治時代以降、日本の在来種と外国産の牛を交配して改良され、昭和に入り日本固有の肉用種に認定された品種をさす。具体的には「黒毛和種」「褐毛和種」「日本短角種」「無角和種」の4品種のみが和牛と表示することを許されている。そのため、海外で飼養された場合でも、オーストラリア産和牛やアメリカ産和牛というように、和牛と表示していることもある。なお、現在日本にいる黒毛和種の繁殖雌牛の99.9％は、兵庫県の在来種である但馬牛「田尻号」の子孫。国産牛は日本暮らしが長い牛、和牛は日本固有の4品種と覚えておこう。

黒毛和種

明治時代に外国種のシンメンタール種やブラウンスイス種などと交配し改良され、昭和19年に日本固有の肉用種に認定された品種。サシがバランスよく入り、脂の風味もよいことから、国内で肥育されている和牛の大半を占める。

褐毛和種（あかげ）

熊本県で大正12年から、高知県では昭和14年から登録がスタートした赤毛牛を基礎として、シンメンタール種と朝鮮種を交配。おとなしい性格で耐暑性に優れているため放牧飼養に適している。肉質は赤身が多く脂肪は少なめ。

日本短角種

東北地方北部が原産の肉洋種。南部牛とイギリス産のショートホーン種を交配し改良。昭和32年に審査標準を統一し「日本短角種」として登録された。手間がかからず放牧適性が高い。肉質はきめが粗いが、赤身が多くやわらかい。

無角和種

大正13年に登録が開始され昭和19年に「無角和種」として認定。山口阿武郡の在来種をスコットランド原産のアバディーン・アンガス種と交配し改良した品種。飼養頭数が非常に少ない希少品種。肉質は赤身が多くきめが粗い。

写真：（独）家畜改良センター提供

◤ 焼肉の基礎知識 ③ ◢

全国のブランド牛を知る

松阪牛、神戸ビーフ、米沢牛は、
日本の三大和牛ブランドといわれるが、
他にも多数のブランド牛が存在し、それぞれの魅力がある。

牛MAP

本書で紹介している牛

7 信州牛→P90
8 りんごで育った信州牛→P184
9 にいがた和牛→P118
10 村上牛→P161
11 能登牛→P124
12 若狭牛→P188
13 飛騨牛→P140
14 松阪牛→P155
15 近江牛→P46

16 神戸ビーフ→P67
17 神戸ワインビーフ→P68
18 三田牛→P78
19 但馬牛→P97
20 但馬玄→P98
21 高森和牛→P96
22 オリーブ牛→P48
23 いしづち牛→P36

1 白老牛→P89
2 前沢牛→P154
3 仙台牛→P94
4 山形牛→P174
5 米沢牛→P177
6 常陸牛→P141

24 佐賀牛→P75
25 有田EMO牛→P34
26 都萬牛→P112
27 宮崎牛→P160
28 鹿児島黒牛→P51

16

ランク（格付け）

分離評価方式で決まる！

　食肉の流通を合理化することの一環として、昭和37年に格付け制度が導入された。そのため、この格付けは"おいしさ"だけの基準ではないことを念頭にして見たい。

　格付けは枝肉を「歩留等級」と「肉質等級」の分離評価方式で判断する。歩留等級は、枝肉から骨を取り除いた後の肉量を示し、A・B・Cに3区分する。肉質等級は、脂肪交雑、肉の色沢、肉の締まり及びきめ、脂肪の色と質の4項目に分け、それぞれ5〜1で区分。4項目のうち最も低い判定が肉質等級の判定となる。この歩留等級と肉質等級を合わせて表記するのが、格付けの判定になるのだ。

　格付けは3区分、5区分ではあるが、区分内でも幅がある。また、脂肪の量などは好みも関係しているため、冒頭で述べたようにこの格付けが必ずしも"おいしさ"の基準ではないことを踏まえ、肉を選ぶ目安にしよう。

最高ランクはA5

歩留等級×肉質等級

		肉質等級				
		5	4	3	2	1
歩留等級	A	A5	A4	A3	A2	A1
	B	B5	B4	B3	B2	B1
	C	C5	C4	C3	C2	C1

牛肉の輸入

海外産の牛肉が市場へ

　1991年の牛肉の輸入自由化以降、海外産の牛肉が広く流通している。主な輸入先はオーストラリア、アメリカ、カナダである。オーストラリアの牛肉は「オージービーフ」という名称でなじみがあるだろう。海外産の牛肉は和牛に比べて質が落ちるというのが一般的な見解だが、近年は質が上がり、市場での評価も高まっている。

牛肉輸入量（トン）

オーストラリア 297,880
アメリカ 230,606
カナダ 18,279

※データは、生鮮・冷蔵、冷凍の合計。資料：財務省「貿易統計」（2017年）より

焼肉の基礎知識 ④

牛肉の部位を極める

正肉は、まえ、ロイン、ともバラ、ももに大別され、そこからさらに細かく分類される。ホルモンも含め各部位の場所を確認しよう。

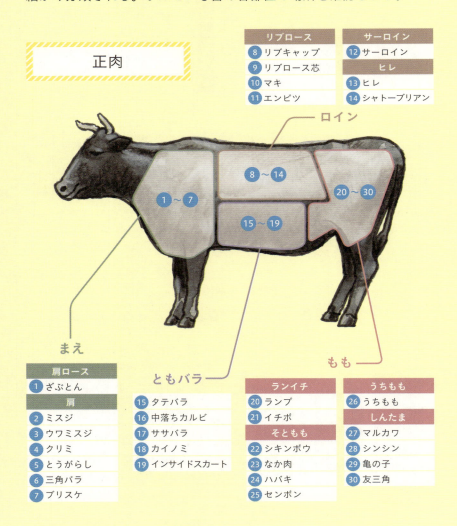

正肉

リブロース
8 リブキャップ
9 リブロース芯
10 マキ
11 エンピツ

サーロイン
12 サーロイン

ヒレ
13 ヒレ
14 シャトーブリアン

肩ロース
1 ざぶとん

肩
2 ミスジ
3 ウワミスジ
4 クリミ
5 とうがらし
6 三角バラ
7 ブリスケ

ともバラ
15 タテバラ
16 中落ちカルビ
17 ササバラ
18 カイノミ
19 インサイドスカート

ランイチ
20 ランプ
21 イチボ

そともも
22 シキンボウ
23 なか肉
24 ハバキ
25 センボン

うちもも
26 うちもも

しんたま
27 マルカワ
28 シンシン
29 亀の子
30 友三角

別称について

部位の名称は地域や焼肉店によって変わる。本書の焼肉語では別称の一部も紹介している。なお、表記においてもさまざま。

ホルモン

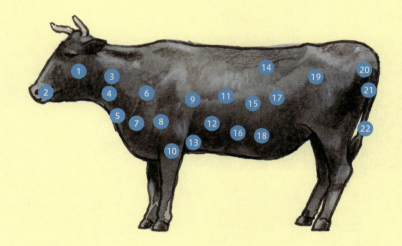

① ツラミ	⑨ ハラミ	⑰ チレ
② タン	⑩ サガリ	⑱ ギャラ芯
③ シキン	⑪ ミノ（ミノサンド）	⑲ 丸腸
④ ウルテ	⑫ ヤン	⑳ シマ腸
⑤ シビレ	⑬ ハチノス	㉑ 直腸
⑥ フワ	⑭ レバー	㉒ テール
⑦ ハツ	⑮ すい臓	
⑧ ハツモト	⑯ センマイ	

焼肉の基礎知識 ⑤
豚肉の基本と ブランド豚をおさえる

豚肉の世界シェアは断トツで、品種が多く、日本の肉用豚は主に6種ある。牛肉に迫る人気で、ブランド豚も全国で400もあるといわれている。

豚 MAP

豚肉の格付けは？
豚肉は極上・上・中・並・等外の5等級に分類されるが、牛肉ほど差がないため、消費者がその格付けを目にすることは少ない。

1 ホエー豚→P148
2 やまざきポーク→P174
3 白金豚→P128
4 平田牧場三元豚→P142
5 いばらき地養豚→P38
6 林SPF→P138
7 高座豚→P67
8 やまと豚→P174
9 御殿場純粋金華豚→P70
10 富士幻豚→P144
11 黒部名水ポーク→P65
12 阿波ポーク→P35
13 きなこ豚→P58
14 霧島黒豚→P63
15 かごしま黒豚→P51
16 鹿籠豚→P51
17 あぐー豚→P31

大ヨークシャー種

イギリスのヨークシャー州の在来種に中国種やネアポリタン種、レスター種などを交配し19世紀末に誕生。白色で大型、飼養頭数も多い。良質なベーコンの素材にも活用されている。

中ヨークシャー種

イギリスのヨークシャー州を中心とする白色豚と大ヨークシャーと小ヨークシャーを包括して種の統一を図った品種。中型で飼育しやすくおとなしい。皮下脂肪が厚く、肉質がよい。

バークシャー種

日本で黒豚といわれているのがこの品種。イギリスのバークシャー州の在来種を改良した品種。黒色で眉間と四肢端および尾端が白いのが特徴。肉質はやわらかく赤みが強い。

ランドレース種

デンマークの在来種に大ヨークシャーを交配した品種。耳が大きく顔に垂れ下がっているのが特徴。主要な雌系品種として飼養頭数も多い。ハムなどの加工肉の原料でもある。

デュロック種

アメリカのニュージャージー州のジャージレッドとニューヨーク州のニューヨークレッドを主体に改良された品種で、おとなしい性質。毛色は褐色で、肉質はやわらかく脂肪が多い。

ハンプシャー種

イギリスのハンプシャー州で飼われていたサルドバック（白帯）を持った豚を、アメリカが輸入し改良した品種。白い帯が特徴。赤身の割合が高く皮下脂肪は少なめ。

写真：（独）家畜改良センター提供

焼肉の基礎知識 ⑥

豚肉の部位を極める

焼肉では牛肉ほど部位の数はないが、正肉に比べてホルモンは多くの部位がある。それぞれの場所を確認しよう。

正肉

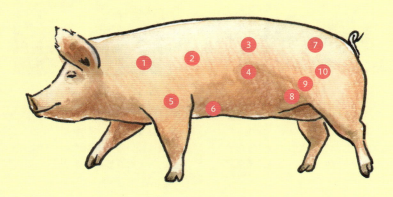

① 肩	⑥ 豚バラ
② 肩ロース	⑦ ランイチ
③ ロース	⑧ しんたま
④ ヒレ	⑨ うちもも
⑤ スペアリブ	⑩ そともも

ソーセージやハム

肉の部位だけでなく、ハムやソーセージなどの食肉加工品も焼肉の素材のひとつ。とくにバーベキューでは重宝されている。

ホルモン

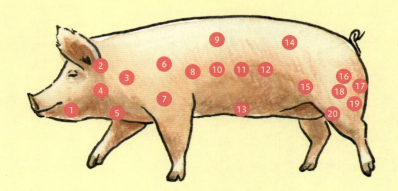

1 タン	8 ハラミ	15 しろ
2 かしら	9 レバー	16 てっぽう
3 とんトロ	10 シビレ	17 どて
4 シキン	11 ガツ	18 こぶくろ（メス）
5 ナンコツ	12 チレ	19 ホーデン（オス）
6 フワ	13 おっぱい（メス）	20 きんつる（オス）
7 ハツ	14 まめ	

焼肉の基礎知識 ⑦

豚肉の進化と魅力

豚の三枚肉といえば安価な肉という印象の時代もあったが、
三元豚やSPF豚、黒豚などの登場で
味と品質、存在価値まで高まっている。

○○豚とは

三元豚
さん げん とん

特定の品種ではなく、3種類の品種を掛け合わせた交雑種の総称を三元豚という。日本では、ランドレース種と大ヨークシャー種にデュロック種を交配させたものが普及。最近ではもう1種交配させた四元豚も登場した。

ＳＰＦ豚
エスピーエフ ぶた

品種のことではなく飼育環境のこと。
豚が感染しやすい疾病を排除するために衛生管理が徹底された飼育環境で育てられた豚。ストレスがないため肉質がやわらかく、くさみもない。

認定マーク画像：日本SPF豚協会提供

豚肉の輸入

豚肉の輸入量（トン）

アメリカ	カナダ	デンマーク	スペイン
25,610	19,889	8,617	8,045

牛肉よりも多い

日本で出回っている豚肉の約半分は輸入豚。アメリカ、カナダ、デンマーク、スペインの順で輸入量が多い。冷蔵技術が高いアメリカやカナダからの輸入では、チルドポークもある。また、加工肉として流通しているものも多く、豚肉を塩漬けにして保存する食文化のヨーロッパからは、ハムやソーセージなどが輸入されている。

資料：平成29年度「農畜産業振興機構　畜産需給部　需給業務課」より

日本で出回る人気のイベリコ豚

スペインのイベリコ半島で飼育されている黒豚のこと。ドングリを食べて育った最高級の豚でスペイン政府が独自基準で認証している。

	豚（ロース）	牛（サーロイン）
エネルギー	262kcal	356kcal
脂質	19.5g	30.5g
ビタミンB_1	0.88mg	0.06mg

資料：農林水産省ホームページより

ヘルシー分析

ビタミンが豊富

豚肉のタンパク質量は牛肉とほぼ同じだが、脂質は少なめで、疲労回復効果があるといわれているビタミンB_1の含有量は5〜10倍。またブランド豚の多くは、飼料の配合や育て方を工夫することで、イワシやマグロ、オリーブオイルなどに多く含まれている不飽和脂肪酸のオレイン酸を豊富に含み、融点が低くサラリとした脂身が特徴になっている。こうした栄養面での高さから、美容を意識する人の支持を受けている。

韓国焼肉で主役

デジカルビ

豚の骨付きアバラ肉を、醤油や韓国味噌をベースにした甘辛ダレで下味を付けた焼肉。サンチュやエゴマの葉などの葉物野菜に乗せ、キムチやニンニク、タレなどと一緒に包んで食す、韓国で人気が高い庶民料理のひとつ。

サムギョプサル

豚の三枚肉（バラ肉）の焼肉。厚切りにした三枚肉を鉄板で焼き、脂を落とし、ハサミで食べやすい大きさにカットしてサンチュやエゴマの葉などに巻いて食べる。韓国の焼肉では豚肉が主役になることもある。

焼肉の基礎知識 ⑧

鶏肉の基本と
ジビエをおさえる

牛肉や豚肉に比べて焼肉での存在感は薄いが、鶏肉専門の焼肉店があるなど、人気は高い。注目されているジビエもチェックしよう。

ブロイラーとは

主に3種類が流通

食肉用に品種改良された交雑種を一定の時間と重量に肥育した若鶏をブロイラーという。白色コーニッシュ、白色プリマスロック、名古屋種（名古屋コーチン）が主な品種。牛肉に比べて低カロリーであることも特徴だ。

白色コーニッシュ
イギリスの品種が起源で、さまざまな品種の交配などで改良。胸や腕の筋肉が発達しているのが特徴。

白色プリマスロック
アメリカ由来の品種で、肉用と卵用で成長過程や成体重は異なる。白色コーニッシュと交配するのが主流。

名古屋種（名古屋コーチン）
コーチンという中国の品種が起源。これに尾張地域の在来種を交配させた。歯ごたえがよく旨みが多い。

鶏肉の部位

① サエズリ	⑧ テール
② ツル	⑨ アズキ
③ クビカワ	⑩ レバー
④ ハツ	⑪ ヒザナンコツ
⑤ 手羽元	⑫ ヤゲンナンコツ
⑥ 手羽先	⑬ ササミ
⑦ 背肝	⑭ 砂肝

羊肉を知る

ラムとマトンの違い

ジンギスカンでおなじみの羊肉も焼肉店で置いていることがある。生後12カ月未満で歯が生えていない子羊の肉をラムといい、それ以外はマトンになる。飼育方法の改善などにより、独特のにおいもほぼなくなった。

馬肉を知る

生肉の食文化

熊本や長野、青森では古くから馬肉を食べる文化がある。牛と違って寄生虫やウイルスが繁殖しにくいため、国が定めた基準の冷凍処理をした馬肉は生食が認められている。通はタテガミの下にある「コウネ」を好む。

ジビエを知る

フランス料理の定番食材

兎や野鳥などの野生動物は、フランスをはじめヨーロッパ、また日本でも地域によっては一般的な食材として使用されてきた。特に日本において猪は貴重なタンパク源とされた。野生独特のにおいに抵抗を感じる人も多いが、調理方法の改善による食味の向上だけでなく、低カロリー・高タンパクという健康面の魅力により、専門に扱うお店が増えている。猪、鹿、野鳥を中心としたジビエと呼ばれる食肉のほとんどは、焼肉として食べることができる。

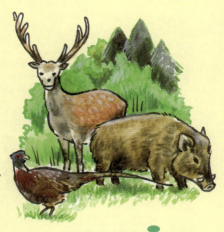

ジビエと焼肉店

ジビエ専門の焼肉店も増加中。産地直送の新鮮な食肉を扱うなどのこだわりもある。肉そのものの味を堪能するには焼肉が最適だ。

焼肉の基礎知識 ⑨

焼肉のイメージトレーニング

気持ちが"焼肉モード"に入った！ 肉の部位やメニューは店それぞれ
だが、まずは何を食べたいかをイメージし、ツバを飲み込もう。

よくあるメニューから

牛肉
ざぶとん	2,800円	カルビ	1,180円
ミスジ	2,400円	中落ちカルビ	1,350円
とうがらし	1,780円	カイノミ	1,580円
三角バラ	1,680円	イチボ	2,300円
ロース	1,180円	シキンボウ	980円
上ロース	2,100円	シンシン	1,480円

ホルモン
タン塩	780円	センマイ	580円
上タン塩	1,280円	ギアラ	780円
ハラミ	880円	丸腸	480円
上ハラミ	1,480円	シマチョウ	480円
ミノ	980円	レバー	780円
ホルモン盛り合わせ（6種）			1,550円

豚肉
豚バラ	680円	とんトロ	680円
タン塩	680円	ナンコツ	680円
かしら	680円	レバー	680円

ごはん・麺・スープ
白飯	180円
ビビンバ	680円
石焼ビビンバ	880円
カルビクッパ	780円
冷麺	880円
わかめスープ	400円
たまごスープ	400円

サラダ・一品
野菜サラダ	480円
チョレギサラダ	580円
サンチュ	400円
ナムル	480円
キムチ	400円
カクテキ	400円

デザート
アイスクリーム	400円
シャーベット	400円

オーダーしてみよう！

一人前の予算は 5000 円（ドリンク別）でふたり訪問のイメージ

1	6	11
2	7	12
3	8	13
4	9	14
5	10	15

焼肉語
あ〜わ

わぉー！
らんらん
やきにく
まんぞくは
はらいっぱいの
なかよく
たのしく
さわいで
かんどうして
あんしんして

アイスクリーム

食べ物には極陽性と極陰性があり、焼肉は極陽性、アイスクリームは極陰性。極陰性は体を冷やす食べ物で、ビールや生野菜もこの特性がある。ただ、それだけでは補いきれず、デザートでアイスクリームがほしくなるケースが多く、各店、メニューを充実させている。

褐毛和種（あかげわしゅ）

和牛4品種のひとつ。熊本県と高知県の赤牛を基礎として、シンメンタール種と朝鮮牛を交配し、改良した和牛。赤身が多く、適度な脂肪分もあり、旨みとやわらかさが特徴。特に旨み成分とされるアミノ酸の一種「タウリン」が豊富。

写真：（独）家畜改良センター提供

赤センマイ（あか）

「ギアラ（P57）」の別名で「アカセン」といい、特に関西で呼ばれている。表面をカリッとさせて食べると脂肪の旨みを感じられやすいが、脂肪が苦手な人は、火を長く通して脂を落とそう。醬油、塩、味噌のほか柑橘類との相性もよい。

アウトサイドスカート

横隔膜のことで、「ハラミ（P138）」と同じ部分をさす。焼肉店のメニューで使用されることはなく、食材の仕入れ名などで表記されることがある。横隔膜の基部にある腹横筋を「インサイドスカート（P38）」と呼び、「ウチハラミ」といわれることが多い。

赤身肉（あかみにく）

脂肪を取り除いた肉や、脂肪が少ない肉の総称。和牛では「褐毛和種」や「日本短角種」が赤身主体とされ、低カロリー、低脂肪、高タンパクということで、健康志向の高い人たちを中心に注目されている。「赤肉」や「赤身」と略されて呼ばれることも多い。

赤もの

内臓のうち、肝臓、舌、食道、横隔膜、心臓など、色の赤い部位を総じていう。焼肉など食肉業界では浸透した言葉だが、メニュー表にのっていることはなく、一般的に使用されることはない。また、食味としても共通しているわけではない。

アキレス

牛

アキレス腱の略称で、「スジ」のこと。牛肉の場合は「牛スジ」の名称で、煮込みなどでも知られる。歯ごたえがあり焼肉でも使用される。薄くスライスしてスジを切ることで食べやすくなる。なお、鶏肉の場合はモモ肉の関節より下の部位をさす。

あぐー豚

約600年前に中国から導入され、沖縄県のみで飼養されている。「沖縄県アグーブランド豚推進協議会」による基準を満たした「沖縄アグー豚」から生産されたブランド豚。他の豚肉と比べ、霜降りが多く、脂肪に甘みと旨みがあり、さっぱりとした脂肪が特徴。希少価値が高く、焼肉、しゃぶしゃぶともに重宝されている。

写真：沖縄県アグーブランド豚推進協議会提供

アサード

言葉としてはスペイン語の「ロースト」に由来する。アルゼンチンの代表的な焼肉料理で、遊牧民が牛肉などを野外で豪快に焼いたのが原型。現在はレストランや家庭でも一般化され、炭や薪などを燃料に網の上で肉を焼いたものをさす。味付けは塩やスパイスなどでシンプル。

アズキ ⇨ 脂

アズキ
鶏

鶏の丸肝（脾臓）で、1羽で1個しか取れない希少な部位。小豆に似ていることが名称の由来。主に焼鳥店で扱われるが、地鶏焼肉店など、鶏肉をメインにしているところで提供されることもある。やわらかい食感でクセはそこまでない。

厚切り（薄切り）

厚くスライスした肉で、その特別感をお店の売りにするところもある。また「厚切りタン」など、肉の部位に付けたメニュー名にするお店も少なくない。これに対になる言葉が「薄切り」だが、厚切りブームの中、肉質に自信があって、薄切りを打ち出すお店もある。

アナンダマイド

牛肉や豚肉の脂肪に含まれるアラキドン酸の一部が変化した物質。「アナンダミド」ともいう。また、「至福物質」とも呼ばれており、幸福感や高揚感をもたらすといわれ、その効果について研究が進む。焼肉は舌だけでなく、脳にまで満足感をもたらしているのだ。

油
あぶら

網や鉄板にひくもの、肉から出る脂肪を総じて「油」ということが多い。「油がはねる」といった言葉も、実際ねているのは、肉の脂肪であることも。また、網や鉄板に牛脂をひく場合もあれば、サラダ油など食用油をひく場合もある。

脂
あぶら

「油」に対して肉の脂肪をさす。牛の場合は「牛脂」といい、肉と一緒に皿に付けられているお店もある。これを網や鉄板にぬると、サラダ油などより風味が加わる。脂には旨み成分であるアミノ酸が含まれており、「サシ」ともいう。

炙る
あぶる

焼き方のひとつ。ローストという言葉には「炙る」の意味合いもあり、ロースはこの焼き方が適していることが語源という説もある。良質、また薄切り肉の場合、焼き加減を「炙る程度」と表現することも。なお「炙る」を辞書で引くと、「焦げ目ができる程度に軽く焼く」とある。

焼く	火にあてて熱を通し、食べられるようにする。
炙る	火にあてて焦げ目を付ける程度に、軽く焼く。

網
あみ

ロースターや七輪に置いて、この上に肉や野菜などを乗せて焼く。炭火の場合は遠赤外線効果でじっくり焼き、余分な脂を落とす。火加減を誤ると、中に火が通っていないのに表面が焦げてしまうこともある。ステンレス素材が主流。

網チェンジ
あみ

網に焦げが付くと、焼き上がりが悪くなるので早めに網を交換してもうらのが、焼肉をおいしく食べるコツ。また、網チェンジをしないように部位やつけダレの順を考えてオーダーできれば上級者だ。お店としても焦げは頑固な汚れで洗浄しにくい。なお、網は専用の洗剤と洗浄機で洗われる。お店によってはこの洗浄を業者に委託している。

アミアブラ

牛や豚の内臓の周りについている網状の脂のこと。これに脂肪分の少ない肉を包んでローストやソテーをすると、肉のパサつきを防ぎ、旨みもプラスされる。塩漬けして販売されていることが多く、その場合は塩抜きして使用する。なおフランス語では「クレピーヌ」という。

炙る ⇩ アミアブラ

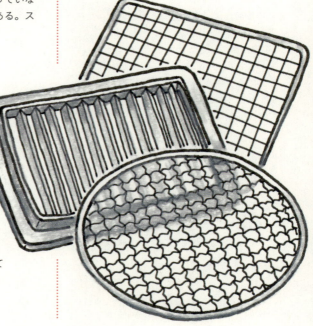

33

あ

アミノ酸
：：：：さん

タンパク質の構成要素で500種類以上あるといわれている。旨み成分とされ、主なものにグルタミン酸やイノシン酸（核酸）があり、熟成肉はこれらが数倍増えるため旨みが増す。肉を加熱するとアミノ酸と糖が反応し、焼き色が付いたり肉汁が出たりする。これをメイラード（P162）反応という。

アメリカ牛
：：：：ぎゅう

アメリカ合衆国が原産国となっている牛、またはアメリカで加工された牛肉。1991年の牛肉の輸入自由化以降、日本でも広く流通している。品種はアンガス種やヘレフォード種、シャロレー種など。国産より比較的安価で、脂肪分が少ない。

アラキドン酸
：：：：さん

必須脂肪酸の一種で、「ビタミンF」と呼ばれることもある。これの一部が変化して「至福物質」ともいわれる「アナンダマイド」になる。特に赤身に多く含まれ、乳児の脳や体の発達に必要不可欠な成分で、記憶力向上、血圧調整などの効能にも期待されている。

有田EMO牛
：：：：ありた　エモー　ぎゅう

黒毛和牛の産地として有名な宮崎県にて、有田牧畜産業が育成した新ブランド牛。「大地に薬はゼロを目指す」"Earth Medicine 0"という頭文字を取り、「エモー」と読む。焼肉はもちろん、あっさりした味わいのためさまざまな肉料理で楽しめる。

アルゼンチンビーフ

牛肉生産量と消費量が世界トップクラスのアルゼンチン。アルゼンチンではさまざまな肉料理があるが、岩塩で味付けした牛肉を炭火で焼く「アサード」が名物。日本への輸入について政府間で協議が行われており、日本の市場に変化が出そうだ。

アルミホイル

家庭で焼肉をする際、ホットプレートに敷いてプレートの汚れを防ぐ。また、アルミホイルをくしゃくしゃにすれば脂切りの役割となり、くさみが付くことや煙が少なくなる。焼肉店では「ニンニクのホイル焼き」などでアルミホイルを使用することもある。

阿波ポーク
あわ

徳島県が生み出した「アワヨーク」と他2種を交配して生産した品種。適度な脂肪分、しまった肉質、きめ、やわらかさなど品質のバランスがとれている。しゃぶしゃぶやすき焼きでも重宝される。焼肉ではさまざまな部位があり、ホルモンも人気である。

安全
あんぜん

焼肉を原因とした食中毒の対策は、国、自治体、業界関係者から呼びかけられている。生肉の提供には規制があり、生レバーやユッケなど生肉の提供は規制されている。また、生肉と接触するトングや箸の取扱いにおいても注意したい。

杏仁豆腐
あんにんどうふ

牛乳などに杏仁の風味と砂糖を加え、寒天やゼラチンで固めたもので、果物を添えられることが多い。中華料理の定番デザートだが、近年、焼肉店のデザートとしても認知されつつある。焼肉店の中には自家製の杏仁豆腐を提供するところも。

イカ

焼肉店で提供する定番海鮮メニューのひとつ。バーベキューでもおなじみの食材である。イカには滋養強壮や疲労回復効果のあるタウリンや、ストレス軽減、免疫力向上の効果がある亜鉛などが含まれ、スタミナ源になる。また、家庭ではイカ焼きを市販の焼肉のタレで味付けすることもある。

E型肝炎ウイルス

豚肉レバーをはじめ、シカやイノシシなどの野生動物の寄生虫。野生シカの生食を原因とするE型肝炎の感染事例が報告されている。生食を避けることはもちろん、肉の中心部まで火が通るように十分に加熱して食すことが重要。加熱調理を行えば感染性は失われる。

いきなりステーキ

立ち飲み食いでステーキとワインを楽しむスタイルで、グラム単位の量り売りが特徴のお店。オーダーを受けてから肉をカットするオーダーカットシステムを導入し、炭火で焼き上げる。全国で店舗展開するほか、ネットショップも運営している。

いしづち牛

西日本最高峰の名山として知られる「石鎚山」にちなんで名付けられた愛媛県の黒毛和種。地元の稲ワラを飼料にしているのが特徴。肉質等級3以上などの基準がある。やわらかい肉質でほどよくサシが入り、さっぱりした後味が好評。

石焼ビビンバ

岩から切り出した専用容器を高熱で加熱してからビビンバの材料を焼いたメニュー。食べ終わるまで熱々な状態であること、またおこげも人気の理由。具材や味付けもさまざまで、仕上げにごま油を入れて風味を出すお店もある。専用容器は高温のままなので火傷に注意。

いただきます

漢字で「頂く」と書くように、高い位置をさすことば。中世のころ、身分が高い人から物をもらう際に頭上に乗せるような動作をしたことから、感謝をする意味合いになったとされる。感謝は食べ物を口にできることへの気持ちだが、生き物に命をいただく気持ちも込めよう。

語源 山や頭の一番高いところを「頂」というように、頭上に乗せるのが本来の意味。身分の高い者からもらった食べ物や神仏に供えた食べ物をいただく際に、頭の上に掲げたことから今の意味になった。

イチボ

牛

DATA	希少度	★★☆☆☆
	価格	★★★☆☆
	かたさ	★★★☆☆
	脂	★★★★☆

🔥 レア

🏺 塩胡椒／醤油／甘口ダレ

臀部の骨周りの部位でランプの隣に位置する。部分的にかたさと繊維質を感じるが、ランプに比べてきめが細かく、赤肉らしい濃厚な旨みがある。サシがしっかり入っているので焼肉に向いており、約3mmの薄切りが最適。塩胡椒、醤油、甘めのタレ、どれでも合う。

猪肉 (いのししにく)

イノシシの肉で、一般的に豚肉より歯ごたえがある。独特の風味があるため鍋やすき焼きなど煮込み料理に使用されることが多いが、焼肉食材にされることもある。また、「ぼたん」「山くじら」という別名もある。古来からある食材だが、近年はジビエブームで再注目されている。

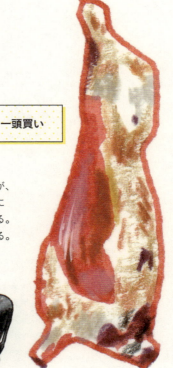

一頭買い

一頭買い (いっとうがい)

焼肉店などで「牛一頭買い」を掲げているところもあるが、これは牛一匹という意味ではない。牛は解体された後に脊椎に沿って左右に分割して「牛半等分（枝肉）」となる。これを丸ごと買うのが一般的に一頭買いといわれている。すべての部位の特徴を熟知したカッティングが必要。

牛一頭

い イノシン酸 ⇩ 烏龍茶

イノシン酸

旨み成分のひとつとされ、核酸に分類される。肉の旨み成分は主にグルタミン酸とイノシン酸からなり、これらは脂より赤身のほうに含まれている。また、筋肉を収縮させる物質はイノシン酸に変化するため、熟成肉はさらに旨みが増すことになる。

命

焼肉に限ったことではないが、食肉は生き物の命をいただくこと。特に焼肉は、肉を調理加工していない状態で提供されるため、命と正面に向き合うことになる。すべての肉に対して食べ残し、焦がしてしまうなど、命を粗末にしないようにすること。

いばらき地養豚

製法特許である「地養素」という混合飼料で飼育された国産豚。「地養素」は、くさみをとる、アルカリ化を促して活力をつける、アミノ酸やミネラルで肉に旨みを加えるなどの作用がある。ストレスのない環境で育った豚の肉は甘みとコクが特徴で焼肉でも注目の食材。

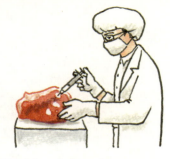

インジェクション

インジェクション加工肉、インジェクションビーフともいう。脂がなくてかたい赤身肉に脂を注入（インジェクション）した、霜降り加工肉のことで成型肉の一種。主に外食産業で使用されており、比較的安価なわりに肉質はやわらかく旨みもある。

烏龍茶（ウーロンチャ）

成人の場合はビールなどのアルコールが焼肉の飲み物として定番だが、

健康志向もあってか、烏龍茶が注目されている。烏龍茶には脂肪の吸収をおさえる成分があり、口の中をさっぱりさせてくれることも受け入れられている要因だろう。

インサイドスカート

DATA	希少度	★★★★★
	価格	★★★☆☆
	かたさ	★★★☆☆
	脂	★★★★☆

🔥レア
🍽甘口ダレ／醤油／塩胡椒

横隔膜の基部にある腹横筋で「ウチハラミ（P39）」と同じ部位をさす。焼肉店のメニューで使用されることはなく、食材の仕入れ名などで表記されることがある。また、横隔膜を「アウトサイドスカート（P30）」と呼ぶ。

兎肉
(うさぎにく)

日本では馴染みがないが、フランスをはじめとするヨーロッパでは、家庭や飲食店で日常的に兎の肉を食べている。味は部位によって異なり、部位によってはやわらかくクセが少ない。ジビエ専門の料理店では、兎肉を焼肉スタイルで食すところもある。

ウチモモ

牛	DATA	希少度	★☆☆☆☆
		価格	★★☆☆☆
		かたさ	★★★☆☆
		脂	★☆☆☆☆

🔥 ミディアムレア
🍶 醤油／甘口ダレ／塩ダレ

豚	DATA	希少度	★★☆☆☆
		価格	★★☆☆☆
		かたさ	★★☆☆☆
		脂	★★★☆☆

🔥 ミディアムレア
🍶 塩ダレ／甘口ダレ／醤油

牛肉、豚肉の両方にある部位。牛の場合は「ウチヒラ」とも呼ばれる。後肢の付け根の内側にあたる部位で、最も脂肪が少ない部分といわれている。赤身らしい味わいが特徴で、低カロリーなところも人気の理由。淡泊な味なので、薬味の効いたタレと合わせたい。

ウェットエイジング

食肉を輸送する際に劣化を防ぐために、真空包装などの保存方法が工夫されている。その結果、肉の旨みが増したことからエイジングのひとつの種類になった。低コストのため採用しているところが多いが、ドリップ（P113）が出やすいというデメリットもある。

ウェルダン

生肉の焼き加減で、全体的に火が通っている状態。脂肪分が多い部位や肉の場合、しっかり火を通す傾向にあるが、肉汁が出てしまう、パサつくなどの難点もある。焼き加減はレア、ミディアム、ウェルダンの3種類に大別され、ステーキでは10段階に分けられる。

ウチハラミ

「インサイドスカート（P38）」の別名で、希少部類。バラ肉のため適度な脂があり、レアの場合は舌の上で脂のトロトロな状態を感じられる。繊維質だが噛み切れるほどのやわらかさで、肉本来のコクがある。

田辺晋太郎の考える
肉の焼き方

飲食店の多くは席に料理が運ばれた瞬間に、味は決定している。
一方、焼肉では消費者が味を作る。完成のキーは"焼き加減"だ。

伝授 1　赤身と脂で焼き方を変える

赤身は焼きすぎるとかたくなること、脂は逆にかたくならないことを覚えておこう。胃もたれの主な原因は脂で、脂が溶け切る前に食べると胃への負担が増える。各部位の焼き方は、次ページで確認しよう。

伝授 2　火力（熱）をコントロールする

直火のガスは強火になることが多いが、炭火は強火と弱火で調整できる。アミや天板の位置でも熱の差が出てくる。薄切りを強火で焼く場合はサッと短時間、塊肉は弱火でじっくり中まで火を通すのが基本だ。

伝授 3　動作は少なく、待つことも重要

原則、薄切り肉はあまりひっくり返さないこと。特に冷凍肉は細胞が壊れ、肉汁が逃げてしまう。3mm以上ある肉はひっくり返してもOKだ。また焼いた肉は皿の上で少し休めることで旨み成分がまんべんなくいきわたる。

牛(正肉)の焼き方の目安

ざぶとん	ミスジ	ウワミスジ	クリミ	とうがらし
片側を強火でカリッと焼き、脂が溶けてきたら裏側を軽く焼く。	強火で肉の中の脂をしっかり溶かすまで焼く。ミディアムレア。	薄切りなら軽く炙って中に火が通るか通らないかのタイミング。	薄切りなら表面を加熱するくらい。焼きすぎはNG。	表面を炙る程度に焼き、肉汁が滴り落ちる前に食べる。
三角バラ	**ブリスケ**	**リブキャップ**	**リブロース芯**	**マキ**
中に火が通ったタイミングが肉汁と脂のバランスがベスト。	赤身だけの状態なら軽く炙る。脂付きなら長めに焼く。	厚みのあるものはじっくり。薄めは強火で脂を溶かしたらOK。	薄切りは強火で表面をサッと。厚切りは表面を固め、弱火で。	強火で表面をサッと焼く。厚切りは表面を固め、弱火で。
エンピツ	**タテバラ**	**中落ちカルビ**	**ササバラ**	**カイノミ**
強火で表面をサッと焼くくらい。厚切りは表面を固め、弱火で。	溶け出した脂を焦がすくらい、香ばしくしっかり焼く。	しっかり火を通し、余分な脂を溶かして落とす。ミディアム。	表面を強火でカリッと、中は軽く火を通すくらいがベスト。	ミディアムレアが◎。表面をカリッと焼いて脂を閉じ込める。
インサイドスカート	**サーロイン**	**ヒレ**	**シャトーブリアン**	**ランプ**
強火で表面がカリカリになるくらい、軽く焼いて肉質をキープ。	表面をカリッと焼いて脂の甘みを閉じ込め、熱々のうちに口へ。	表面に焼き目をつけたら、低温でじっくり加熱する。	厚切りは弱火でゆっくり焼き、皿の上で同時間休ませる。	表面をサッと焼く程度がジューシー。厚切りは長めで。
イチボ	**シキンボウ**	**なか肉**	**ハバキ**	**センボン**
表面だけ焼いて、中心部がやわらかい状態で。塊はじっくり。	薄切りならサッと焼く程度、厚切りなら弱火でじっくり。	表面を軽く炙る程度。やわらかさを保つために瞬発勝負。	片面をしっかり焼いたら、裏面は軽く炙る程度でよい。	しっかり火を通してゼラチン質を溶かす。焼きすぎには注意。
ウチモモ	**マルカワ**	**シンシン**	**亀の子**	**友三角**
赤身なので火を通しすぎないように注意。塊は弱火でじっくり。	表面をサッと炙るくらいがベスト。しっかり派は焼きすぎ注意。	レア、またはミディアムレア。表面をサッと加熱するイメージ。	軽く火を通す程度に。表面をサッと加熱するのがおすすめ。	強火で脂を溶かし、赤身に火が通ったらOK。脂の落としすぎはNG。

41

旨み
うま

食味を表現するひとつの要素。肉の旨み成分は主にアミノ酸の一種のグルタミン酸と、核酸の一種のイノシン酸である。また焼肉では肉をタレに浸けておいたり、タレや薬味に付けて食べたり、肉本来の旨みを引き出す、または加えて楽しむ。

裏返す
うらがえ

肉を裏返して反対の面を焼くこと。薄切りなどは裏返すのは1回が理想だが、3mm以上ある肉なら何度裏返してもよい。厚切りはむしろ何度も裏返して焼きたい。また網やプレート上の位置によって温度が違うので注意。

ウルテ

牛

DATA	希少度	★★★☆☆
	価格	★★☆☆☆
	かたさ	★★★★★
	脂	★☆☆☆☆

🔥ウェルダン

🥢塩ダレ／醤油ダレ／味噌ダレ

牛の器官の軟骨部分。原型はホース状だがかたくて噛み切れないので、包丁で細かく切れ込みを入れ、うろこ状の形にして提供される。コリコリした食感で、よく焼くとバリバリした食感になり、噛むたびに濃厚なコクがにじみ出る。韓国語で「器官」の意味で、別名は「フエガラミ」。

ウワミスジ

牛

DATA	希少度	★★★★★
	価格	★★★☆☆
	かたさ	★★★☆☆
	脂	★★☆☆☆

🔥レア

🥢塩ダレ／塩／わさび醤油

「ミスジ（P158）」の上に付いている部位で、一頭から取れる量が少なく、希少価値が高い。ミスジよりもサシが少なくて赤身が濃く、繊細な肉質。薄切りの場合は焼きすぎに注意したいが、塊の場合はゆっくり焼き上げるのがよい。

A5
<small>エー ゴ</small>

牛肉の歩留等級と肉質等級で最高位に判定されたもの。いわゆる格付けのトップ。ただ、同じ判定でも幅があるので、妄信せずにひとつの目安にするとよい。

		肉質等級			
		5	4	3	2	1
歩留等級	A	A5	A4	A3	A2	A1
	B	B5	B4	B3	B2	B1
	C	C5	C4	C3	C2	C1

映画
<small>えい が</small>

焼肉を舞台やテーマにした映画作品が公開されてきた。近年では、肉が焼かれる様子を映像化した『肉が焼ける』、高度成長期の関西の焼肉店を舞台にした『焼肉ドラゴン』などが人気を博した。2007年公開の「THE 焼肉MOVIEプルコギ」も記憶に残る。

©FMS／harappa
映画「肉が焼ける」製作委員会

エイジング

食肉は時間をおくと、旨み成分であるアミノ酸の量が増える。そのため時間をかけて旨みを引き出すことがあり、それをエイジングという。ドライエイジングとウェットエイジングが中心で、日本伝統の熟成方法の「枯らし」や、乳酸菌熟成などもある。

栄養
<small>えいよう</small>

牛肉、豚肉、鶏肉はタンパク質が豊富で、ミネラルやビタミン類も含む。特に豚肉は牛肉や鶏肉に比べてビタミンが豊富。また、焼肉は肉のみが食材ではなく、海鮮や野菜からの栄養、さらにサイドメニューからあらゆる食材の栄養を得ることができる。バランスは注文内容次第。

エゴマの葉
<small>は</small>

主に韓国焼肉で、焼肉をサンチュで巻いて食べる「サムギョプサル」。このサンチュと同じように、エゴマの葉で焼肉を巻いて食べるスタイルがある。サンチュやレタスと比べて香りが強いのが特徴。エゴマの葉はキムチの材料にすることもある。

SPF豚
<small>エスピーエフぶた</small>

Specific-Pathogen-Free（スペシフィックパソージェンフリー）の略で、日本語にすると「特定病原体不在」。日本SPF豚協会が特定した、豚の発育に重大な影響をおよぼす病原体の感染を防ぐ衛生管理のもとで育てられた豚。同協会の認定マークが表示されている。

認定マーク画像：日本SPF豚協会提供

枝肉
⇩
エリンギ

枝肉(えだにく)

牛や豚の食肉処理をし、内臓、四肢、頭、尾を切り離し、脊柱にそって二分割にしたもの。この状態で取引され、枝肉取引といわれる。「牛枝肉取引規格」「豚枝肉取引規格」がある。また、肉の格付けはこの状態のもので行われる。

エバラ食品工業(しょくひんこうぎょう)

エバラ食品工業株式会社。1958年設立で、創業当時はソース・ケチャップの製造販売を行っていたが、日本の食文化の変化によりさまざまな肉料理が登場していた1968年、「焼肉を家庭に」という思いから、焼肉のタレの製造販売が始まった。焼肉のタレのパイオニア的存在。

エビ

焼肉店の海鮮食材の定番。天然車エビなど高級食材を扱う焼肉店もあるが、近年はブラックタイガーなど輸入ものが増え、比較的安価で提供される。食味はもちろんだが、タウリンやビタミンなどの栄養が豊富なほか、低カロリーなのも魅力だ。

エプロン

焼肉を食べる際に身に着ける。紙製のものが多い。焼肉は油の飛び散りがあるため、洋食レストランのように膝の上に置くナプキンとは違い、首から下げるエプロンタイプが適している。焼肉店では割り箸と同じくらいの消耗品となっている。

エリンギ

野菜焼肉の定番食材のひとつ。食味の変化だけでなく、シャキシャキとした独特の食感は、箸休めに最適。地中海に隣接する国や中央アジアといった原産国ではおなじみの食材だが、日本では1993年にはじめて人工栽培され、まだ歴史は短い。

エンガワ

豚のハラミの別名。牛のハラミをエンガワということもある。「エンガワ」というと鮨のネタを思い出す人が多いだろう。ヒラメやカレイのヒレを動かすための筋肉をさすが、これが豚肉のエンガワの名称と関係があるかは不明。

エンターテイメント

仕事、デート、家族など幅広い層に愛され、また肉だけでなく魚や野菜、さまざまなサイドメニュー、デザートを食べられる焼肉店。それだけでエンターテイメント性は高いが、近年、バイキングスタイル、回転焼肉、バーベキュー（P127）スタイルなど、食し方自体の楽しみも増えている。何はともあれ、親しい人と一緒に焼肉を食べること自体が、お店でも家庭でも、すでにエンターテイメントとして確立されている。

エンピツ

牛	DATA	希少度	★★★★★
		価 格	★★★★★
		かたさ	★☆☆☆☆
		脂	★★★☆☆

● レア
● 塩胡椒／醤油／甘口ダレ

リブロースの芯の近くに少量ある部位。細長い円錐型をしているため、鉛筆をたとえにして名付けられた。肉とサシのバランスがよく、両方の旨みを感じられ、また適度な弾力もあって高い評価を受けている。希少価値の高い部位のため、出合えたらうれしい。

オイキムチ

ヤンニョムなどキムチのもととなる調味料に漬け込んだキュウリ。みずみずしく、シャキシャキとした食感。キュウリに切り込みを入れて、そこに千切りにされた他の野菜のキムチを挟んだものもある。酸味や辛味はお店によってさまざま。

雄牛（おうし）

同じ種類の牛であっても、雄と雌で味に違いがある。一般的に雌牛のほうが皮下脂肪が多く、肉質の"きめ"が細かくておいしいといわれている。そのため、肉牛として育てられる雄牛はほとんどが去勢される。

近江牛
おうみうし

滋賀県内で飼育された黒毛和種で、日本三大和牛のひとつとされる。やわらかくて芳醇な香りが特徴。「近江牛」生産・流通推進協議会では、近江牛の中でも枝肉格付けがA4、B4等級以上のもので、特定の基準を満たしたものを認証している。

画像：「近江牛」生産・流通推進協議会提供

オーストラリアビーフ

「オージービーフ」ともいい、「豪州産牛肉」というラベルが貼られていることもある。オーストラリアは人口より牛の頭数のほうが多いといわれ、世界屈指の牛肉輸出国。日本でも広く流通し、赤身に含まれる「ヘム鉄」という成分は美容と健康に作用すると注目されている。

オーナー

牛の飼育に対して出資金を出した人をオーナーという。生産者はその出資金をもとに牛を育て、オーナーに返還や還元するなど、さまざまなオーナー制度がある。最近では、お客が肉の塊を買い取り、熟成したときに提供を受ける熟成オーナーというものもある。

沖縄
おきなわ

石垣牛やあぐー豚、やんばる鶏など、牛、豚、鶏とも沖縄独自のブランドがあり、沖縄県の焼肉店では地場産の食材を提供しているところが多い。サイドメニューもチャンプルやソーキソバなどの郷土料理があり、独自の焼肉スタイルを堪能できる。

お茶漬け
ちゃづ

焼肉の締めとしては、ビビンバやクッパなどのごはんものが定番だが、お茶漬けを提供する焼肉店も少なくない。居酒屋にあるような一般的なもののほか、具材に肉が入っている、肉の出汁が入っているなど、焼肉店ならではのメニューもある。

おっぱい

豚

DATA	希少度	★★★★☆
	価格	★★☆☆☆
	かたさ	★★★☆☆
	脂	★★★★☆

🔥 ミディアムレア
🥢 塩胡椒／甘口ダレ／塩ダレ

豚の乳房なので、当然ながら雌豚のみの部位で希少価値が高い。脂肪が多く、肉質はやわらかめだが、噛み切りにくい。ただ、噛むごとにミルクの甘みがにじみ出て、この部位ならではの食味を得られる。シンプルに塩胡椒のみで、肉の味を楽しみたい。

音
（おと）

肉を焼く音は「ジュージュー」とイメージする人が多いだろう。その擬音語が店名やメニュー名になっている焼肉店もある。料理のおいしさを表すのに「シズル（P81）感」という言葉があるが、これは「ジュー」という音の英語「sizzle（シズル）」が由来という説もある。

おにぎり

コンビニやおにぎり専門店のおにぎりの具に「焼肉」がある。焼いた肉を甘辛のタレで味付けしたものが多い。中には「炭火」「炙り焼」など焼き方をネーミングにしている商品もある。また、手巻きスタイル、サンドスタイル、バーガースタイルなど、種類は多数。焼肉のタレはごはんに合い、それはおにぎりにおいても同じだ。

オビ

馬

馬肉の部位のひとつ。バラ肉（あばら骨まわりの肉）の中で、腰寄りのものを「後バラ」と呼ぶが、その中でも特にサシがきれいに入っている部分を「オビ」という。やわらかく、しっとりした脂で風味は濃厚。そのわりに後味が軽い。あまり火を通さないほうがおいしい。

おまかせ

料理人や店主に注文を委託する日本料理独自のスタイルは、焼肉店でもある。魚貝類同様に肉においても仕入れ状況によって、お店の自信が変わる。コースメニュー名で「おまかせ」をうたっているものが多い。

オリーブ牛

黒毛和種である讃岐牛をオリーブ飼料で育てたもの。香川県の小豆島はオリーブ栽培の日本発祥の地。讃岐牛銘柄推進協議会による一定の基準を満たしたものだけが、「オリーブ牛」と名乗れる。良質な脂質で、後味が「さっぱり」している。

画像：讃岐牛・オリーブ牛振興会提供

温度

肉をおいしく焼くには、肉の中心温度が65度を超えないようにするのがコツといわれている。また、家庭でホットプレートで焼肉をする場合、脂肪は220度くらいで煙化してしまうので、200度に設定しておくとよい。ロースターや炭火の網は、場所によって温度が違うので見極めたい。

温麺

宮城県の特産品である素麺の一種「うんめん（うーめん）」と同じ漢字だが、焼肉店では別物をさす。焼肉店でおなじみの「盛岡冷麺」の温かいバージョンの場合もある。お店によって麺の種類や具材、スープは違うが、温かいところは共通。

オンザライス

ごはんの上にタレを付けた肉を乗せること。肉汁とタレをごはんに移して食べるスタイル、肉でごはんを巻いて食べるスタイルなどさまざま。ビールなどアルコールを飲みながらの食事ではごはんを注文しにくいが、焼肉は別とする人も多い。ふりかけの焼肉味も認知されている。

肉通！

冷凍肉 と 冷蔵肉
（フローズン）　（チルド）

　輸送や保存期間の関係で、肉を冷凍して流通することは少なくない。解凍してしまえば冷蔵肉と同じだと考えると、残念な食事に。

　解凍の状態はお店によって違うが、半解凍の場合、肉の中心部はまだ冷たい。よってしっかり火を通す必要がある。また、赤身は頻繁にひっくり返すと肉汁がこぼれ出てしまうデメリットも。その場合、肉が運ばれてきたら少し時間をおく、できるだけ薄切りの部位を選ぶことなどを心掛けるとよいだろう。ホルモンも基本的に考え方は同じ。ただ肉汁はこぼれにくいため、何度かひっくり返してもさほど心配はない。

冷凍肉

半解凍の場合は中心部まで火が通るようにしっかり焼く。焦げる場合は網や鉄板で低温の場所に移動させる。ただし肉汁がこぼれるので適度におさめる。薄切り肉を注文することも選択肢に入れたい。

冷蔵肉

焼きすぎると、肉質や旨みを失ってしまう。部位によっては、中心部にやわらかさが残る程度、表面をサッと焼く程度にとどめる。薄切り肉の場合、片面だけ焼いても火が通る部位もある。

家庭での肉の冷蔵期間の目安

	その日	1日	2日	3日	4日	5日
牛肉	あいびき肉・内臓肉	ひき肉		スライス	切り身	ブロック
豚肉	ひき肉・あいびき肉・内臓肉		スライス・切り身	ブロック		
鶏肉	ひき肉・内臓肉	切り身				

参考：公益財団法人日本食肉消費センターの資料より

ガーリックバター

すり下ろしたにんにくをバターに練り込んだタレ。厚切り肉に乗せてステーキ風にしたり、豚ホルモンに付けたり、新感覚の肉食を楽しめる。ハーブや塩、醤油との調合もある。焼肉店で置いているところは少ないが、部位によっては好相性だ。

海鮮
かいせん

焼肉店のメニューに魚介類があることが多い。イカ、エビ、ホタテが定番。海鮮焼肉とうたっている店や海鮮メニューを充実させている店では、サザエ、アワビ、カキといった高級貝類のほか、鮮魚をホイル焼きで提供するところもある。

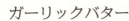

カイノミ

DATA	希少度	★★★★★
	価格	★★★★☆
	かたさ	★☆☆☆☆
	脂	★★☆☆☆

🔥 ミディアムレア

🍶 わさび醬油／甘口ダレ／塩胡椒

バラ肉の内側にある「なかバラ」の中で、ヒレの一番近くに位置する部位。ヒレに似た赤身の旨みとやわらかさがあり、脂もほどよく含まれている。そのバランスのよさから特別扱いされ、実際に5回噛むとトロトロになり、肉が液体化するような感覚に。

格付け
かくづけ

肉の品質を見極めるための等級で、昭和37年に流通を合理化するために始まった。格付けは枝肉で判断され、枝肉から骨や筋を取り除いた後の肉の量「歩留等級（A、B、C）」と、「肉質等級（1～5）」の分離評価方式が採用されている。

回転焼肉
かいてんやきにく

回転寿司のシステムを導入した焼肉店がある。専用のケースで保冷管理された肉や野菜がコンベアに乗って回り、ボタンを押すとそのケースが開くシステムだ。また、注文するとレーンに乗って客席まで届くタイプのものもある。

カクテキ

ダイコンのキムチ漬けで、韓国では家庭料理として重宝されている。「カクトゥギ」ともいう。ダイコンはサイコロ状や長方形にカットされている。発酵食品のため、胃の浄化や腸を整える作用があり、健康面でも味のリセットとしても、焼肉のおともに最適。

カクマク

 馬

牛が横隔膜を「ハラミ」というのに対し、馬では「カクマク」という。濃厚な味わいながら後味がさっぱりしているのが特徴。刺身でも食べられることがあるが、炙って脂をトロトロの状態にすると甘みが強くなり絶品。軽く炙る、ある程度火を通すなど、味の変化を楽しむのも乙。

鹿児島黒牛（かごしまくろうし）

鹿児島で育てられた黒毛和種で、和牛の品評会にて総合優勝したこともある。格付けの基準はないが、JAグループか鹿児島に属する畜産業が肥育の内容を定義している。きめの細かい霜降りで、まろやかなコクと旨みが特徴。近年では海外でも評価されている。

かごしま黒豚（くろぶた）

約400年前に鹿児島に入ってきて以降、さまざまな改良が行われ、誰もが知るブランド豚になった。基礎となるのはバークシャー種で、県黒豚生産者協議会により、さまざまな定義が設けられている。筋繊維の歯切れがよく、他の豚肉より豊富なアミノ酸で、旨みが強い。

資料：鹿児島県黒豚生産者協議会ホームページ内「革新的技術開発・緊急展開事業」による研究より

鹿籠豚（かごぶた）

鹿児島県枕崎市の鹿籠で育てられた、日本最初のブランド豚。戦争では絶滅の危機にあうが、5頭の雌豚を疎開させたことで絶滅を逃れたという歴史もある。肉、脂肪にも旨みが豊かで、焼肉はもちろん、しゃぶしゃぶやハンバーグなども人気。

かしら

豚

DATA	希少度	★★★☆☆
	価格	★☆☆☆☆
	かたさ	★★★☆☆
	脂	★★★☆☆

🔥 ミディアムレア
🍶 塩胡椒／甘口ダレ／塩ダレ

こめかみと頬の部分で、ホルモンに分類されることもある。頬を想像するとやわらかい印象だが、実際はかためで、噛むごとにしっかりとした弾力を感じられる。焼きすぎるとさらにかたくなるので注意したい。味は淡泊であっさり。焼きとんでも人気だ。

ガス火

炭火に比べてしっとり焼けるのが最大の特徴。プロパンガスは焼く際に水蒸気を発し、それが肉に付着する。ちなみに、炭火は外はカリッと中はジューシーに焼き上がる傾向がある。火力を加減しやすい、炭火よりにおいがつきにくいという長所もある。

カセットコンロ

カセットガスを設置して使用するコンロは、家庭での焼肉におなじみの機器。家庭ではとくに煙が気になるが、煙化防止、無煙システムの導入など、カセットコンロも進化している。また持ち運びが可能なので屋外のバーベキューで使用する人もいる。

肩

牛肉では「肩芯」や「肩ロース」、豚肉では「肩」や「ウデ」と呼ばれる。牛肉の場合、肩芯は肩ロースの一部として扱うことも多く、ほどよいサシが入ってジューシーな味わい。豚の場合は、筋肉質な部位のためかためだが、アミノ酸が多く旨みが強い。

肩バラ

ネックと肩ロースの下にある部位。バラ肉の中でも最も前方部に位置する胸から腹にかけての部分をさす。肉に厚みがありかためで、カルビの名称で提供されることが多い。

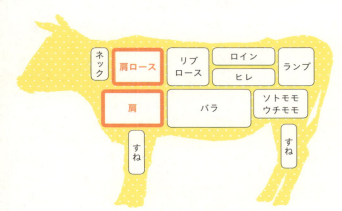

肩ロース

豚

DATA | 希少度 | ★★★☆☆
| 価　格 | ★★☆☆☆
| かたさ | ★★☆☆☆
| 　脂　 | ★★★☆☆

🔥ミディアムレア

🍯甘口ダレ／辛口ダレ／塩胡椒

豚の肩で、背中側の部位。きめは粗めだが、豚肉には珍しくサシが入っている。まろやかで濃厚な旨みが魅力。筋切りするとやわらかい食感になる。表面をカリッと焼いて脂が溶け始めたくらいがベストな状態。牛においては背中側の部分で、特にあばら骨側にある「ざぶとん（P76）」は人気の部位。

ガツ

豚

DATA | 希少度 | ★☆☆☆☆
| 価　格 | ★☆☆☆☆
| かたさ | ★★★☆☆
| 　脂　 | ★☆☆☆☆

🔥ミディアムレア

🍯塩ダレ／味噌ダレ／塩胡椒

豚の胃で「ミノ」ということもあるが、一般的には豚は「ガツ」と呼ばれる。牛と違って豚は胃袋が１つのみ。淡泊な味わいでくさみが少ないため、ホルモンが苦手な人にも受け入れられやすい。また、ガツの上部を「ガツ芯」といい、ピンク色を帯びており、やわらかい。

カット

肉を焼く状態のサイズに切ること。単に規定の量にするのではなく、歯ごたえや味わいを考慮してカットされ、筋を切る、脂肪の入り具合を調整するなど、その方法は焼肉店によってさまざま。また厚切り、薄切りなど厚みによって焼き方や味わいが変わり、食味の生命線である。

金串

バーベキューなどでカットした肉を刺して焼く器具。竹串より長いため、大きな肉や多くの数を刺しやすい。また、金属製のため、熱の伝導率が高く、肉の中心部から熱を加えられる特性もある。串部分の素材や形状、持ち手など、種類はさまざま。

カボチャ
⇩
枯らし

亀の子

牛

DATA ｜希少度｜★★★☆☆
｜価　格｜★★★☆☆
｜かたさ｜★★★★☆
｜　脂　｜★★☆☆☆

🔥 レア

🍶 わさび醬油／塩ダレ／塩胡椒

「しんたま」の一部で、半球形をしている部位。その断面が亀の甲羅に似ていることから名付けられ、別名は「カメノコウ」。しんたまの中でも脂肪分が少なく、肉の旨みが凝縮されていて噛むごとに赤身本来の味を堪能できる。焼きすぎに注意。

鴨肉

岩塩で肉の旨みを引き出すほか、柑橘類とも相性がよいので、レモン汁と合わせたい。鶏肉より肉質がしっかりしているため、歯ごたえがある。また不飽和脂肪酸の割合が高く、コレステロールの正常化にも役立つ。

唐揚げ

焼肉店のサイドメニューにあることも。また、家庭で唐揚げを作る際に、鶏肉の下味に焼肉のタレを使用すると、風味が加わってジューシーに仕上がる。弁当店では焼肉と唐揚げをセットにした欲張り弁当もある。

カボチャ

焼肉店、家庭、バーベキューともに定番焼き野菜のひとつ。「冬至にかぼちゃ」といわれるように栄養に恵まれ、β−カロテンをはじめとするビタミン類や食物繊維が豊富。肉と組み合わせることで、疲労予防・改善、体力回復に期待できる。

ガム

会計後にレシートと一緒にガムを渡すお店が多い。口の中をすっきりさせる、口臭対策というのが目的だが、ガムを噛むことで唾液の分泌を促し、消化を助ける役割もある。市販のガムではなくお店専用のもの、またアメ玉を配布する焼肉店もある。

枯らし

肉の熟成方法で、日本の食肉業界では古くから採用している。1〜4度に設定した冷蔵庫に、枝肉のまま吊るして3〜4週間熟成させる。骨が付いたまま吊るすので肉にストレスがかかりにくい。また、熟成には条件や技術が必要なので、家庭では行わないこと。

カルシウム

骨や歯の形成や強化だけでなく、神経のバランスにも寄与するカルシウム。牛、豚、鶏（軟骨を除く）ともに含有量は少ないが、牛肉に含まれる成分がカルシウムの吸収を高めるという発表がある。ちなみに肉食動物は骨まで食べるのでカルシウムを摂取できている。

カルビ

朝鮮語で「あばら」という意味があるカルビは、いくつもの部位に分けられるバラ肉の総称。名称としてあるのは、あばら骨の間の部位を「中落ちカルビ（P116）」くらい。メニューに「上カルビ」や「特上カルビ」とある場合は部位が違うので店員に確認してみるとよい。部位により違いはあるが、カルビ全般にサシが入りやすく、脂の旨みと香りが強く、濃厚な味わい。

カルビスープ

煮込んだバラ肉（骨付きの場合もある）の入ったスープで、味付けやその他の具材はお店によってさまざま。牛すじを使用したスープを「カルビスープ」としているお店もある。韓国料理店では「カルビタン」というメニュー名になっていることもある。

火力（かりょく）

電気、ガス、炭火、またプレートや網の場所によって温度が違う。例えばガスコンロの場合、直火は350～400度に対し、プレートの端部分は150～200度といわれている。塊肉は低音で時間をかけて焼くと、中心部にまで火が通り、しっとりした状態に仕上がる。

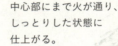

カロリー

食べる量、内容によって大きな差があるが、たとえば、一人前のごはんとカルビ肉を計300g食べたとすると、1,800〜2,400キロカロリーだといわれている。これは成人男性の1日の摂取カロリーに相当。気になる人は低カロリーの部位を選ぶのも手だが、満足いくまで食べて満喫したい。

岩塩

肉本来の旨みを味わうために、タレではなく塩で食べることがある。岩塩は精製塩より溶けにくく、丸みと旨みが強いため重宝される。パウダー状のものに付けるほか、プレートに肉を付けて食べる。最近では岩塩プレートの上で肉を焼く商品もある。

韓国のり

ごま油と塩気が特徴で、韓国ではさまざまな料理に活用されている。韓国焼肉店では、サンチュに肉と韓国のりを乗せて巻いて食べることもある。ごはんのおともにはもちろん、サラダやスープの具材にするなど、活躍の場は多種多様。

韓国冷麺

韓国焼肉だけでなく、日本式の焼肉店でも定番のメニュー。麺の原料はそば粉、緑豆粉、トウモロコシやジャガイモのデンプンなどいろいろで、種類によって麺のかたさは違う。スープのダシもさまざまだが、麺とスープが冷たいのは共通している。

カンガルー肉

オーストラリアでは「ルー」と呼ばれて、スーパーなどにも置かれているが、日本ではジビエ専門店など限られたお店でしか出合う機会がない。脂肪分が少なく、高タンパク、低カロリーということもあって、日本でもヘルシー志向の人に注目されている。

カンピロバクター

牛肉、豚肉、鶏肉の寄生虫。菌の数が少なくても食中毒になるのが特徴で、肉の鮮度とは関係ない。加熱処理で死滅するため、生食は避け、生焼けにならないよう火を通すこと。特に子どもや高齢者、免疫力が低下している人は注意をはらいたい。

ギアラ

牛

DATA	希少度	★★★☆☆
	価格	★★★☆☆
	かたさ	★★☆☆☆
	脂	★★★★☆

🔥 ミディアムレア
🍯 味噌ダレ／醤油ダレ／塩ダレ

牛の第四胃袋で、他の胃袋に比べて薄く、やわらかい。表面にぬめりがあるため下処理が重要になってくる。下処理がきちんとされたものは口当たりがよく、脂肪が多いため濃厚な味わい。食感を楽しむのが醍醐味で、濃いタレのほか、塩や柑橘類とも相性がよい。

希少部位
きしょうぶい

一頭、一羽から取れる量が少ない部位。「希少部位＝おいしい」とは限らないが、他にない味わいのため重宝される。牛の希少部位としては、ヒレ、シャトーブリアン、サガリ、イチボ、シンタマ、サンカク、ミスジ、カイノミなど。価格は高い。

ギザギザ

馬

お尻の一部（腰肉ともも肉の間）で、「イチボ」や「ラム」とも呼ばれる。塊をカットしたときに断面がギザギザになっているのが名称の由来。脂肪が少ない筋肉質で、噛み締めると肉の旨みが口の中に広がる。焼きすぎるとかたくなるので注意。

雉肉
きじにく

鳥のジビエの代表格であり、日本では昔から食されていた。くさみを気にする人もいるが、飼料が工夫されてくさみのない良質な肉が出回っている。弾力のある肉質で、淡泊だが旨みもある。ヘルシーといわれる鶏肉より、さらに低カロリーだ。

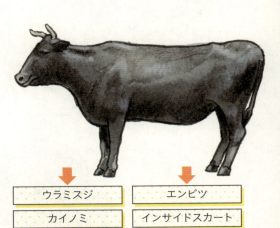

ウラミスジ	エンピツ
カイノミ	インサイドスカート
シャトーブリアン	センボン

キッチンペーパー

家庭での焼肉やバーベキューでは掃除や洗浄が大変だが、プレートの油汚れは、キッチンペーパーで拭き取っておけば洗いやすくなる。また、肉の脂が気になる場合、邪道ではあるが、ある程度焼いた肉をキッチンペーパーにおいて脂を取り除き、再度焼く方法もある。

きなこ豚(ぶた)

宮崎県のブランドポークのひとつで、都城市の「はざま牧場」で飼育されている。飼料に「きなこ」など栄養価の高い植物性タンパクを主体にしていることからネーミングされた。肉質はやわらかく、まろやかな風味で、甘みのある旨みが凝縮されているのが特徴。

偽腹(ぎばら)

 牛

「ぎばら」と読んで、「ギアラ(P57)」の語源だという説がある。実際は「ギアラ」は胃なので腹とは関係ない。「ぎふく」または「にせばら」と読む場合は、空腹ではないのに腹が空いていると錯覚する現象のこと。食べすぎによる胃腸の荒れが原因。

キムチ

白菜を原料にした漬物をはじめ、キュウリの「オイキムチ」や大根の「カクテキ」などの種類があり、焼肉店の定番サイドメニュー。サムギョプサルでは、肉と一緒にサンチュで巻いて食べる。発酵食品のため整腸作用があるので、焼肉には最適。

キムチクッパ

焼肉店のごはんメニューで人気のクッパにキムチが入ったもの。韓国ではクッパにお好みでキムチを入れ、クッパ自体もごはんとスープ別々で提供されることもあるらしい。胃腸を温める効果があり、健康的なメニューだ。

きめ

骨格筋を繊維の方向に対して直角に切ったときの切り口において、筋束同士がくっついている状態をさす。個々の筋束の直径が小さいことを「きめが細かい」といい、一般的に細かいほどやわらかく、高品質とされる。ヒレやロースはきめが細かい。

キモ

「肝臓」の「肝」の文字のみ発音したもので、「レバー」の別名。一般的には「レバー」の名称だが、地域やお店によってはメニュー表に「キモ」と表示されている。また、鶏の「砂肝」は肝臓とは関係なく、胃の後半に位置する部位。

キャベツ

生で食べられるため、焼く場合も短時間でOK。キャベツに塩をふった「塩キャベツ」を提供しているところも多い。また、関西の焼肉店はお通しとしてキャベツを提供することがある。鉄板焼きのお店が最初に行ったサービスとされ、焼鳥店などでも同様のサービスがある。

ギャラ芯

DATA	希少度	★★★★☆
	価格	★★★☆☆
	かたさ	★★☆☆☆
	脂	★★★★☆

🔥 ミディアム

味噌ダレ／醤油ダレ／塩ダレ

「ギアラ（P57）」の上部に位置する希少部位。「ギアラ芯」と表記することもある。ギアラ自体脂肪が多い部位だが、その中でもさらに脂肪が多く、濃厚な味わいで、噛めば噛むほど肉汁が口の中にあふれてくる。脂は好みで落としながら食べるとよい。

キャンプ

バーベキューはキャンプの定番料理。環境にもよるが調理できる場所がない場合は、肉は下処理、カット、下味をつけて持ち込みたい。また、バーベキュー施設を整備したキャンプ場の中には食材も準備している。ソロキャンプ人気からソロバーベキューを楽しむ人もいる。

極める

タレの種類と特徴

濃いタレ、さっぱり系、辛口、甘口、塩やわさびなど種類は豊富。好みで選ぶより、現代焼肉の流行は部位によって使い分ける。

タレ（調合）

醤油ベースに砂糖やにんにく、ごま、酒などを調合したタレ。定番ダレのため時代遅れと思われがちだが、霜降り系の肉が注目され、再び調合ダレの存在価値が高まっている。カルビなどの脂っこい部位と相性がよい。

醤油ダレ

肉の旨みを引き立てるのが特徴で、質のよい肉に合わせたい。また、醤油ダレにわさびを合わせることも多く、その刺激はアクセントになるとともに、口の中をさっぱりさせる効果がある。

味噌ダレ

生肉をもみ込む「もみダレ」として使用されることが多い。肉に味を足すほか、くさみを取る役割もあり、焼くと香ばしさが生まれる。つけダレとして使用する場合は、さっぱりした味わいの部位肉をアシストする。

塩（岩塩）

肉本来の旨みを最大限に引き出す塩。部位によっては物足りなさが出るので、オールマイティというわけではない。また胡椒を合わせることも多い。岩塩は辛さが強いので脂が多い部位など、コクのある肉によく合う。

塩ダレ

ごま油に塩を足したタレがオーソドックス。赤身肉の旨みを引き立て、口の中をさわやかにしてくれる。これにレモンが入るとさらに効果が高まり、香味野菜やにんにくなど風味を足すタレもある。

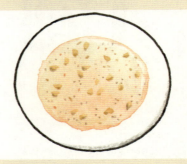

ガーリックバター

すり下ろしたにんにくをバターに練り込んだタレ。厚切り肉に乗せてステーキ風にしたり、豚ホルモンに付けたり、新感覚の肉食を楽しめる。ハーブや塩、醤油との調合もある。焼肉店で置いているところは少ない。

レモン

タンなどをレモン汁で食べることは定番だが、このレモンを網にぬって焼くと肉がくっつきにくい。また、他のタレとレモンを合わせることもある。

ゆず胡椒

スパイシーな風味と独特の香りが肉のアクセントとなる。牛肉のほか、豚肉や鶏肉との相性もよい。

牛角
（ぎゅうかく）

レインズインターナショナルが運営する焼肉店。1996年に東京・三軒茶屋で開店して以来、日本全国に店舗を増やして焼肉チェーン店NO.1を確立。「美味しくて、安い」の商品コンセプトに加え、従来の焼肉メニューの枠を超えた商品を提供する。

画像：株式会社レインズインターナショナル提供

牛スジ
（ぎゅう）

牛の体中に存在する各部位の中の筋膜、腱、筋の総称。焼肉のメニューにもあるが、かたい肉質のため煮込み料理が定番で、とろとろの状態にして食べる。味噌や醤油ベースだけでなく、煮込んだものを塩やポン酢で食すこともある。

牛トロ
（ぎゅう）

定義はない。「トロける○○」という意味合いで、さまざまな部位やメニューなどの表現に使われている。また、マグロのトロの握りに対抗したと思われる「牛トロ握り」は、寿司店、焼肉店の両方で見られる。「トロ」というだけあって脂肪の旨みが強い部位が多い。

牛刀
（ぎゅうとう）

日本で最も多く使われている「三徳包丁」に比べ、長くて先端が鋭く尖っており、刃がしっかり反っている。西洋包丁であり、肉食の西洋で発展したため、肉を切るのに適した設計となっている。また、万能包丁ともいわれ、肉以外の食材もこれ一本で対応できる。

去勢牛
（きょせいうし）

雄の牛を雌の体質に変えること。雄の精巣を除去することが多い。肉がやわらかく、脂肪は多いほうが価値が高いと考えられ、子牛のときに去勢される。ただし、去勢牛が雌牛とまったく同じ肉質になるわけではない。また、豚は雄のにおいを防ぐために去勢される。

霧島黒豚
きりしまくろぶた

宮崎ブランドポークのひとつ。イギリスのバークシャーを交配した黒豚で、引き締まった肉質と弾力が特徴。良質の脂肪で、甘みのある味わい。一般的に白豚に比べて一回の出産頭数が少なく、肥育期間も長いため、簡単に生産頭数が増やせず、人気の一因となっている。

画像：林兼産業株式会社提供

筋繊維
きんせんい

筋肉や筋組織を構成する収縮性の繊維状細胞。加熱により筋繊維が収縮し、旨み成分を含んだ肉汁が外に出てしまう。この肉汁を逃がさず、火が通って歯切れがよい状態にするには、肉の内部温度が65度であることといわれている。肩肉は筋肉が発達していて筋繊維が粗い。

筋トレ
きん

筋肉を作るにはタンパク質が必要。そのため筋肉トレーニングには、タンパク質が補給できる焼肉がよいといわれることがある。ただし、食べすぎによる摂取カロリーオーバーや脂肪の取りすぎは禁物。定番の部位では、タンや肩ロースが低カロリーだ。

きんつる

豚 | DATA | 希少度 | ★★★★★
| 価　格 | ★★☆☆☆
| かたさ | ★★☆☆☆
| 脂 | ★★★☆☆

🔥 ウェルダン
🍶 甘口ダレ／味噌ダレ／塩ダレ

豚のペニスの付け根にある、5〜10cmの管状の筋肉。いうまでもないが、雄のみ1本しか取れない。弾力が強くコリッとした食感で、お店によっては食べやすいように切れ込みを入れている。脂がほとんどないためあっさりとした味わい。

くさみ

肉には独特のにおいがあるが、牛や豚、鶏は比較的弱く、とくに和牛は外国産に比べてくさくない。ジビエで使用されるシカ、ヒツジ、キジなどはくさみが気になる人がいるだろう。捕獲方法、加工、下処理、味付けなどの工夫でくさみ取りをされる。

霧島黒豚 ⇩ くさみ

クッパ
⇩
グラスフェッドビーフ

クッパ

スープとごはんを合わせた料理で、焼肉店のごはんメニューのド定番。スープの味、具材、薬味などはさまざまで、キムチクッパ、カルビクッパ、ユッケジャンクッパなどが有名。ちなみに韓国語で、「クッ」は「スープ」、「パプ」は「ごはん」の意味。

クビカワ

鶏の首の皮のこと。焼鳥のネタにされることが多いが、鶏専門の焼肉店などで提供していることもある。皮に付いた脂肪の旨みが感じられ、食感は歯ごたえがある。コラーゲンが豊富なので美容を意識した人にも支持される。

熊肉(くまにく)

ジビエの中でも希少価値の高い肉。狩猟後の処理、加工などでくさみに個体差が出る。主に煮込みや汁物にされ、冬に狩猟されたものは脂が乗っている。ジンギスカンや焼肉として食べられることもあり、その食感はハラミに似ているともいわれる。

グラスフェッドビーフ

牧草を飼料にして育った牛の肉。放し飼いのためストレスがなく育ち、赤身は繊細でやわらかく、旨みがしっかりしている。また、低脂肪、低カロリーなので、健康志向の高い人にうけている。穀物や化学肥料で育った牛の肉を「グレインフェッドビーフ」という。

クラシタ

荷物や人を運ぶときに装着する鞍の下の部分にあたることが名称の由来。適度な弾力でうっすらサシが入っており、噛み締めると旨みが出てくる。焼肉のほか、馬刺やすき焼きにも使用される。

クリミ

牛

DATA	希少度	★★★☆☆
	価格	★★★☆☆
	かたさ	★★★☆☆
	脂	★★☆☆☆

🔥 レア

🥢 塩／わさび醬油／甘口ダレ

肩から前脚の上部で、肩肉の一部の「ミスジ（P158）」とつながる部分の肉。筋肉質で脂肪が少ない。「腕三角」「しゃくし」「クリ」という別名もある。タンパク質豊富で旨みが強く、そのエキスはスープにも使われる。歯ごたえと旨み、かつあっさりした味わいはやみつきになる。

グリル

魚、肉、野菜などに網目模様や焼き色を付ける調理法、またその料理で、焼肉やバーベキューもグリルのひとつ。「焼き網」などの調理器具をさすこともある。高温で焼ける、余分な脂を落とせるなどがメリット。なお、「ロースト」はオーブンや直火で焼くこと。

グルタミン酸

タンパク質に含まれるアミノ酸のひとつで、旨み成分。熟成肉はこのグルタミン酸が増える。グルタミン酸は主に昆布や野菜に含まれているため、これらと組み合わせることで、さらに旨みが増す。肉の旨み成分は核酸のイノシン酸が主。

グレインフェッドビーフ

穀物や化学肥料で育った牛の肉。国内で飼育される牛の飼料は植物由来で、「グレインフェッド」は実や穂などデンプンがメイン。牧草を飼料にした牛の肉を「グラスフェッドビーフ」というが、両者とも両方の飼料を食べており、割合で判断される。

黒毛和種

写真：(独) 家畜改良センター提供

和牛の4品種のひとつで、和牛の中で大多数を占め、三大ブランド「松阪牛」「神戸牛」「近江牛」もこの種。在来種にシンメンタール種やブラウンスイス種などを交配した。赤身にまでサシが入り、きめ細かくやわらかい肉質で口の中でとろける。

黒豚
⇩
ゲタ

黒豚(くろぶた)

食肉小売品質基準では、バークシャー純粋種の豚肉のみを「黒豚」と表示できるものとされている。他の豚より飼育期間が長いため筋肉質なのが特徴。脂肪が多いバラ肉でも、赤身と脂肪が何層にもなっており、豚肉本来の旨みを感じられる。

黒部名水(くろべめいすい)ポーク

富山県産豚の中で、特に優良品種を掛け合わせたブランド豚。ミネラルが豊富な黒部川の伏流水などで育った豚の肉は、やわらかくてジューシーで、旨み成分が圧倒的に多い。焼肉だけでなく、さまざまな豚肉料理で重宝されている。

燻製(くんせい)

もともとは塩漬けにした魚や肉を、木材を燃やした煙をかけて長期保存をする調理方法だった。現在は風味づけを目的とすることが多く、ナラ、カシ、サクラなどそれぞれの香りで特徴を出している。燻製にする食材は魚や肉以外にもチーズや卵など多種。

ケツ

 豚

「てっぽう(P108)」の別名。直腸であることから名付けられた。肉質や食味については「てっぽう」で触れるとして、部位特有のにおいだが、焼肉店では丁寧に下処理を行っているため気になることはない。市販の商品も業者が同様の下処理をしている。

ゲタ

あばらの間に位置するカルビのことで、「ゲタカルビ」や「中落ちカルビ(P116)」ともいう。骨から肉を切り出したあとの状態が下駄に似ていることから名付けられた。骨が付いたままの状態だと「骨付きカルビ」になる。

ケバブ

中東発祥の肉料理で、ラムや牛、鶏肉などを四角形に切って串に刺して焼いたものが典型的な調理法。薄くスライスしたものを重ねて大きな塊にし、回転させながら焼くスタイルもある。肉にはあらかじめ味付けがされており、パンに挟んで食べることが多い。

健康志向(けんこうしこう)

赤身を好んで食べる傾向。和牛品種の中では、褐毛和種は赤身が多く人気。脂肪が多い部位の場合は、脂を落として食べる方法もある。ビタミンAが含まれている緑黄色野菜を一緒に食べると消化を促すので、サイドメニューとの組み合わせも重要。

高座豚(こうざぶた)

神奈川県にあった高座郡が名称の由来。イギリスのヨークシャー種などを改良した豚で、さらっと溶ける上質な脂肪、きめ細かくやわらかい肉質、ジューシーであることが特徴。一時は絶滅の危機にさらされたが、1980年代に復活した。

コウネ

牛

牛の肉の場合は「ブリスケ（P145）」の別名。これは脂肪の質が似ていることから馬の「コウネ」に似ていることから名付けられたという説がある。馬の「コウネ」はタテガミの下にある脂肪の部分で、馬刺で人気。コラーゲンが豊富で美容によいともいわれている。

神戸ビーフ(こうべ)

日本三大和牛のひとつ。兵庫県内で生産される純血の但馬牛のうち、厳しい定義を満たしたもののみが表示できる。「KOBE BEEF」「神戸牛」とも呼ばれる。きめ細かい肉質で、上品な甘み、風味豊かな脂肪のハーモニーが美食家を虜にする。

画像：神戸肉流通推進協議会提供

神戸ビーフ
KOBE BEEF
神戸牛

ケバブ ⇒ 神戸ビーフ

神戸ワインビーフ
↓
国産牛

神戸ワインビーフ

ワインの製造過程で出る搾りかすと穀物を混ぜた配合飼料で育てた黒毛和種。ぶどうに含まれるポリフェノールが牛の健康を促進する。兵庫県の北東部、丹波地方にある氷上牧場のみで、ノンストレスで育てられている。

香味野菜

香りを添えて料理の味を引き立てるために用いられる野菜で、主なものにニンニク、ショウガ、ミョウガなどがある。焼肉では肉のもみダレやつけダレのほか、サイドメニューに欠かせない。味のアクセントや香り付けだけでなく、食欲促進の効果もある。

コース

一品ずつ注文するのではなく、お店が設定したメニューを順に食べていく。食べる順はお店によって違い、同時に提供されてお客の好みで食べることもある。一般的に、トップバッターはタン塩で、味の薄い肉から濃い肉へ流れる。塩味からタレの流れもある。

氷

焼肉では食材を冷やす目的ではなく、火加減のアイテムにもなる。焼肉店によっては器に氷を入れて出されることも。炭火焼きだとガスのように火力調整が効かないため、網の上に氷を乗せて火を弱める。ホルモンなど脂が多い肉は燃え上がり丸焦げになる場合がある。

国産牛

生まれた場所や品種に関わらず、日本国内で飼育（飼育期間の規定はある）された牛のこと。よって和牛とは限らない。また近年、外国産の「WAGYU」が海外市場で注目されており、日本にも海外の「WAGYU」が輸入されている。

国産牛 ≠ 和牛

焦げ落とし（器具）

鉄板に付いた焦げを剥がし取る器具。お好み焼き店や鉄板焼き店で使用されている。ホットプレートで焼肉をした場合、焦げ落としの器具や金属タワシだと、コーティングが傷つくため使用できない。お湯などを入れて焦げをふやかして洗うとよい。

焦げた肉

焼肉でのNG行為。食べるのが追いつかずに焦がす、焼くことから目をそらして焦がすなど、命をいただくことへの敬意が損なわれている。タレが付いた肉は焦げやすいので注意を。また食べ放題では、完食できる分の量を取ること。

ココロ

 牛

「ハツ（P128）」の別名で、牛肉のみ呼ばれる。「ハート」や「ヘルツ」と呼ばれることもある。メニューに「ハツ」と表記されている焼肉店で、「ココロをください」と注文すると、その場の空気がかたまるかもしれないので注意したい。

胡椒

肉に下味として付けたり、タレに入れたり、スープやごはんものなどのサイドメニューの調味料として用いられる。下味に胡椒を使うと、焦げや雑味の原因になるとして、仕上げに使用するという考えもある。ステーキは粗びきで味と香りを足すことが多い。

コスパ

コストパフォーマンスの略。コスパの概念は個人によって差があるが、精肉店や卸売り店の直営のお店はコストカットができるメリットがある。また一頭買いすることで、リーズナブルな料金設定ができる。なお、多人数でバーベキューをすると、意外にコスパがよい。大自然の中で食べる焼肉はそれだけで"コスパがよい"といえよう。

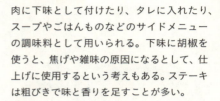

焦げ落とし ⇩ コスパ

コチュジャン

米やもち米に麹や粉唐辛子などを合わせて発酵させた、韓国料理に使用される調味料。日本では「唐辛子味噌」と呼び、味噌の一種とみなすことがある。焼肉店のサイドメニューでは、ビビンバ、チゲなどに使われる。辛みはあるが、甘みとコクが加わる。

骨髄

血液が作られている組織で、脂肪が多く、独特の風味が特徴。よく煮込むと骨髄はゼラチン状になるので、テールスープなどスープで使用される。フランス料理でも用いられる食材。「ボンマロー」や「マロー」とも呼ばれる。

コテッチャン

「丸腸（P156）」の別名で、他に「コプチャン」「ホソ」「ヒモ」とも呼ばれる。小腸の部分で、牛は40mもあるとされる。なお、平仮名表記では、エスフーズの味付け肉食品の商品名。家庭での焼肉やバーベキューで楽しめる。

御殿場純粋金華豚

中国浙江省金華地区からの純血種を富士山麓「御殿場」にて、おいしい水と飼料でのびのびと育てられた豚。数カ所でしか飼育されておらず、その希少価値から「まぼろしの豚」と称されることもある。旨み、肉質に優れ、脂肪はまろやか。

孤独のグルメ

『月刊PANJA』で連載されていた漫画で、テレビ東京系でドラマ化もされている。主人公がひとりでさまざまなジャンルのお店で食事を楽しむ姿が描かれている。焼肉店も度々登場し、"ひとり焼肉"のスタイルは、これで確立されたのかもしれない。

ことわざ（慣用句）

弱いものが強いものの餌食になる意味の『弱肉強食』は、知恵を持つ人間においては、牛や豚、鶏などへの「感謝」の念に置き換えたい。また豪華な宴を意味する『酒池肉林（しゅちにくりん）』という慣用句からも、焼肉は特別な料理であるといえる。

ごま

つけダレはもちろん、肉のもみダレに白ごまが入っていることがある。また、スープ、サラダ、ごはんものなど、焼肉店のさまざまなメニューにて、小さな粒は大活躍。必須アミノ酸、ミネラル類、ビタミン類など栄養素が豊富なことはいうまでもない。

こぶくろ

DATA	希少度	★★☆☆☆
	価　格	★★★☆☆
	かたさ	★★★☆☆
	脂	★★☆☆☆

🔥 ミディアムレア

甘口ダレ／塩ダレ／味噌ダレ

豚の子宮で、漢字では「子袋」と書く。細い筒状のものを下ゆで時に千切りにされる。焼いているうちに全体が丸まっていき、それが焼き上がりのサイン。外側がパリッと焼けるとコリコリとした食感が生まれ、独特の甘い肉汁があふれ出る。

ごま油（あぶら）

肉の下味にごま油を付けることがあり、風味付けのほか、くさみ取りの役割も果たす。さまざまな料理にも使用されるが、ごま油に塩を入れただけの塩ダレは、肉本来の旨みを感じるのに最適。また、贅沢にもごま油で揚げたチヂミを提供する店もある。

こぶくろ ⇩ ごま油

コプチャン

「丸腸（P156）」の別名で、韓国焼肉店や料理店ではこのメニュー名になっていることがある。また、丸腸の入った「コプチャンチョンゴル」は韓国のホルモン鍋の名称で、さまざまな野菜やキノコが入ったピリ辛の味が特徴。

コムタン

牛肉や内臓をじっくり煮込んだ韓国料理のスープ。「コム」は「長時間煮込む」、「タン」は「汁物」という意味。長時間煮込むことで肉の旨みがスープに加わる。味付けはお店によってさまざまで、これをごはんにかけた「コムタンクッパ」も人気。

コラーゲン

内臓の部位に多く含まれ、美容効果が高いと女性に人気。内臓の白い部分（脂肪）のすべてがコラーゲンではなく、その一部にプロリンやヒドロキシプリンという、コラーゲンを構成する成分が含まれている。肩ロース、すね、テールにも豊富に含まれるとされる。

コリコリ

牛

希少部位である「ハツモト（P137）」の別名で、「タケノコ」とも呼ばれる。また、豚のハツモトをさすこともある。名前の通り、コリコリとした食感が特徴。その食感を楽しむという意味では、「コリコリ」の名称がしっくりくる。

コリデール種

ヒツジの品種のひとつで、ニュージーランドが原産。温厚でさまざまな気候に対応し、飼育しやすい品種。全身が白い毛で覆われている。毛用、肉用の両方で飼育され、毛質は中等、子ヒツジの肉は良質といわれている。

コンロ

「ロースター」ともいう。ガスコンロ、電気コンロのほか、七輪もコンロに含まれる。焼肉店では無煙タイプが主流になっており、お店の内装も変化している。また家庭用の卓上コンロも無煙タイプが登場。「グリル」の名称で販売されているものも多い。

極める 焼肉の道具

焼肉道具の三種の神器といえば、網、トング、ハサミ。家焼肉、バーベキューともすべて揃えたい。各道具の役割を把握しておこう。

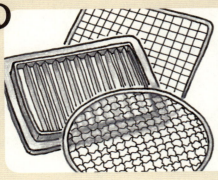

網

網で肉を焼く最大のメリットは、余分な脂や水分を落とし燻煙できることにある。炭焼きなら炭の香りもまとわせられる。お店によっては安価な使い捨てタイプを使っているところもあるが、網が薄いため熱伝導が悪く、肉を焼きにくい。

トング

大半の店が、肉がつかみやすいトングを用意している。生肉を網に乗せるトングと焼けた肉を取るトングは必ず使い分けること。トングを介して食中毒の原因となる菌が焼けた肉に付着するからだ。これは菜箸においても同じである。

ハサミ

厚切りにした豚の三枚肉を焼くサムギョプサルの場合、お店によってはスタッフが焼けた肉をハサミで食べやすい大きさにカットしてくれる。肉の表面をカリッと焼き、旨みを中に閉じ込めてからカットすることで、ジューシーな味わいが生まれる。

サーロイン

DATA	希少度	★★★☆☆
	価格	★★★★★
	かたさ	★☆☆☆☆
	脂	★★★★★

🔥 レア

🍶 甘口ダレ／醬油／塩胡椒

背中の後半にあたる部位。「リブロース」「サーロイン」「テンダーロイン（ヒレ）」のロイン3種の中で最も肉質がよいとされる。きめ細かくてやわらかい肉質で、サシがきれいに入っており、肉と脂の旨みは口の中であふれる。焼肉では薄切りで、表面をサッと焼いて食す。

サイコロステーキ

サイコロ状の牛肉を焼いたステーキの総称。牛肉をカットしてサイコロ状にしたものと、ミンチや脂などを混ぜ合わせた成型肉の2種類がある。「角切りステーキ」と呼ばれることもある。外食店のほか、弁当店や小売店の商品で販売されている。

菜箸

焼肉店では、生肉を網に乗せたり、肉を裏返したりする際はトングを使用するが、家庭では菜箸を使用することがあるだろう。食中毒原因菌が付着している恐れがあるので、肉を焼くときの箸と、食べるときの箸は必ず使い分けること。

サウスダウン種

イギリス原産のヒツジの品種。飼育に時間を要するため、国内では飼育頭数が少なく、また一頭から取れる肉が少ないことから貴重な存在。肉質がやわらかく、赤身の旨みが強いことで、「羊肉の王様」とたとえられることもある。

サエズリ

鶏

鶏の気管(食道と気道)。ホースのような形状で、軟骨とは違う、コリコリとした弾力のある食感が特徴。主に焼鳥で使用されるが、扱っているお店や数が限られた希少部位。焼鳥店でもこれを注文すると"通"扱いされるが、置いている焼肉店で注文すると、相当な"通"。

佐賀牛(さがぎゅう)

JAグループ佐賀管内肥育農家で飼育された黒毛和種。等級などさまざまな基準を満たしたものを「佐賀牛」、それ以下を「佐賀産和牛」というブランド分類をしている。やわらかな赤身に風味漂う脂肪が入っており、コクのある味が特徴。その霜降りは「艶さし」と称されるほど。

サガリ

牛

DATA	希少度	★★★★☆
	価 格	★★★★☆
	かたさ	★☆☆☆☆
	脂	★★★☆☆

🔥 ミディアムレア
🍶 塩ダレ/醤油/甘口ダレ

横隔膜の下部に位置し、ハラミとつながっている。ハラミに比べてサシが少ないが、赤身の旨みが強い。ハラミよりあっさりしているため、タレやごま油の風味を足す、また、わさびやショウガを付けるのもおすすめ。1cm以上の厚切りで脂を落としすぎないように焼こう。

ササバラ

牛

DATA	希少度	★★★★☆
	価 格	★★★☆☆
	かたさ	★☆☆☆☆
	脂	★★★☆☆

🔥 ミディアムレア
🍶 わさび醤油/甘口ダレ/にんにく醤油

バラ肉の腹側「そとバラ」で、ももの付け根側にある部位。一頭から取れる量は少ない。きめの細かい肉質で、赤身と脂肪のバランスがよく、バラ肉の中ではさっぱりした部類のため、塊で焼くのもおすすめ。「ササミ」「笹肉」とも呼ばれる。

ササミ

胸の竜骨というところに張り付いている部位で、笹の形に似ていることが名称の由来。牛や豚の「ヒレ」に当たる部位で、タンパク質が多く、脂肪が少ないためあっさりした味わい。あらゆる料理に使える万能性が魅力で、焼肉でも個性を活かせる。

サシ

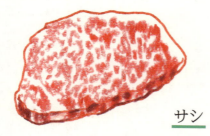

牛肉など赤身(筋肉)に沈着した脂肪のこと。網の目のように入っており、「霜降り」とも表現される。和牛はこのサシの入り方がよく、良質な旨みとなっている。また、部位によってサシの入り方が違うため、それぞれの旨みを楽しめる。

サフォーク種

イギリス原産のヒツジの品種。顔と四肢が黒く、「パンダ羊」とたとえられることもある。赤身が多く、脂肪が少ない肉質で、世界各国で肉生産用の交配種として広く飼育されている。日本ではほとんどが輸入のため、国産は大変貴重である。

ざぶとん

DATA	希少度	★★★☆☆
	価格	★★★★☆
	かたさ	★★☆☆☆
	脂	★★★★☆

🔥 レア
🍽 甘口ダレ／わさび醬油／塩ダレ

肩ロースにて、あばら骨に近い、肩芯の下側に位置する部位。部位の形がざぶとんに似ていることが名称の由来。細かなサシが全体にまんべんなく入っており、甘みと濃い旨みが詰まっている。薄切りが一般的だが、厚めにするとさらにコクが増す。

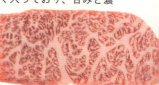

サムギョプサル

韓国料理の一種で、豚の三枚肉(バラ肉)の焼肉。厚切りにした三枚肉を鉄板で焼き、脂を落としたうえで、ハサミで食べやすい大きさにカットし、塩やごま油などで味付けしてサンチュやエゴマの葉などに巻いて食べる。

①肉を焼く → ②ハサミで切る

サプリメント

日ごろの食生活で不足しがちな栄養素、ビタミンやミネラルを補うための食品。特定の成分を濃縮した錠剤やカプセル、飲料などがある。健康志向は焼肉にも広まっており、牧草を中心に食べて育った「グラスフェッドビーフ（P64）」は、サプリメント牛肉ともいわれている。

サムゲタン

丸鶏の腹に、もち米とナツメや栗、高麗人参、ニンニクなどの薬膳食材を詰めて2～3時間じっくりと煮込んだスープ料理。滋味あふれるスープで、韓国では夏バテの疲労回復を目的によく食べられている。

サムジャン

韓国の合わせ味噌。韓国の味噌に、ごまやニンニク、水あめ、ごま油などを混ぜ合わせたもので、コチュジャンのように辛くない甘めの味わい。サムギョプサルを葉物野菜に包んで食べるときに乗せたり、刺身に付けたりして食べる。

サラダ

レタスやキュウリ、トマトなど生で食べられる野菜をオイルコーティングし、酢や塩胡椒などで味付けしたり、ドレッシングをかけたりして食べる冷製料理の総称。火を通さないと食べられない野菜を使った温野菜サラダや、ベーコンやツナなどの魚肉類をトッピングすることもあり、焼肉店の個性がここにも表れている。

③ごま油に付ける　④サンチュに乗せる　⑤巻く

サラダ菜

レタスの一種で、鮮やかな色合いとやわらかさを活かし、肉や魚料理の付け合わせに添えたり、肉を巻いたり、サッとゆでておひたしや和え物にしたり、用途は広い。

サルモネラ

世界的に最も頻度の高い食中毒の原因菌。感染源は、鶏卵や鶏肉、豚肉、牛肉など。発熱や頭痛、急性胃腸炎、虚脱などの症状を起こす。健康な成人の場合、症状は胃腸炎にとどまるが、小児や高齢者では重篤な症状となることがある。

三角バラ

DATA	希少度	★★★☆☆
	価格	★★★☆☆
	かたさ	★★☆☆☆
	脂	★★★★★

🔥 ミディアムレア
■ 甘口ダレ／塩ダレ／わさび醬油

あばら骨の周辺の肉をさし、文字通り三角形をしている。全体にバランスよくサシが入っていて、やわらかくジューシーな味わいで脂の甘さと肉の旨みをしっかりと味わうことができる。焼肉店では「特上カルビ」として提供されることが多い。

三元豚

三つの品種の豚を掛け合わせた「三元交配豚」のこと。肉質を重視した系統を選抜することで、最高の肉質を実現。一般的には、ランドレース種、大ヨークシャー種、デュロック種を掛け合わせたものをさすが、ランドレース種とデュロック種にバークシャー種を掛け合わせた三元豚もある。

三田牛

兵庫県の銘柄牛。神戸ビーフの元祖ともいわれている。三田牛流通振興協議会が基準としているのは、兵庫県産の黒毛和種の但馬牛の仔牛を三田市の生産者および協議会が指定した近隣の生産者が育てた、生後28カ月以上、60カ月未満の牛。

三段バラ

一般的に「三段腹」といえば、脂肪がたっぷりと付いてたるんだ腹まわりのことをさすが、焼肉の場合は「サムギョプサル」の別名。サムギョプサルという単語は日本人には発音しづらいため、印象的かつ覚えやすいよう「三段バラ」と称する店が出てきたと思われる。

サンチュ

リーフレタスの仲間で、葉をかきとって食すため「カキチシャ」「包菜（ほうさい）」ともいう。チシャとは乳草と書き、切り口から乳液状の白い汁が出ることにちなんでいる。韓国では焼肉をサンチュに包んで食べるのが一般的。

飼育

牛や豚、鶏などを育てることの総称で、畜産ともいう。また国内で飼育される牛すべてに10桁の個体識別番号があり、生産者から消費者までの流通も把握できるシステムになっている。養い育てるという意味から、養牛、養豚、養鶏と呼ばれる。

シイタケ

焼肉の焼き野菜の中でメジャーな食材。自然界では広葉樹の枯れ木に発生するが、原木に菌を植えて栽培するほか、近年は菌床栽培で工場生産されることも多い。カサが開いておらず、厚みがあり実の締まったものがおいしい。乾燥させると栄養価と旨みが増す。

塩

塩化ナトリウムを主成分とする塩辛い味の物質。海水や岩塩から精製したものは白い結晶で食生活に欠かせない基本調味料。焼肉店では、肉に付けるほか、キャベツやキュウリをごま油と塩であえたサラダが提供されることが多い。

塩胡椒

最も原始的な味付け。塩辛さで肉の旨みを引き立てることができるが、旨みの少ない部位だと塩気を強く感じてしまう場合もあり。ピリッとした刺激のある胡椒と組み合わせることで、肉のくさみを消し、サッパリと味わえる。

塩ダレ

塩とごま油をベースにした焼肉のタレ。お店によって、レモン汁やフルーツのすりおろし、香草などを加える場合もある。サッパリとした味のため、甘みのある焼肉のタレに飽きてきたときや、脂身の少ない赤身の肉に付けて食べると、ひと味違う感覚を得られる。

自家製
<small>じかせい</small>

タレやキムチが自家製であることを売りにしている焼肉店は多い。焼肉はほとんど調理されないため、タレやキムチが他店との差別化の大きな要因となるからだ。韓国ではタレの隠し味にすりおろした梨を入れるのが一般的。日本では一年中入手可能なリンゴを使用する店が多い。

鹿肉
<small>しかにく</small>

猪と並び古くから人類が食べてきた食肉のひとつ。肉質は馬肉に似ており、赤身の肉で高タンパク低カロリー。鉄分やビタミンB_1などを豊富に含む。日本で出回っている鹿肉の多くは海外からの冷凍輸入品だが、近年では国産の鹿肉を供する店も増えてきている。

直火
<small>じかび</small>

文字通り、肉に直接火を当てて焼く調理方法。バーナーなどで炙る場合と、炭火の上に網を置いて肉を焼くことが多い。直火で炙ることで余分な脂を落とし、肉の旨みを凝縮させることができる。

シキン

牛
DATA	希少度	★★★★★
	価　格	★★☆☆☆
	かたさ	★★★★★
	脂	★★★☆☆

🔥 ミディアムレア
塩ダレ／ポン酢／塩胡椒

豚
DATA	希少度	★★★★☆
	価　格	★★☆☆☆
	かたさ	★★★☆☆
	脂	★★☆☆☆

🔥 ミディアムレア
塩ダレ／醤油／味噌ダレ

牛

豚

牛や豚の食道の部分の肉。切り開いたときの形状が細長いため別名「ネクタイ」と呼ばれることもある。筋繊維なのでコリコリとした食感で食べごたえがあり、噛んでいるうちに旨みが出てくる。豚の場合、1頭から1人前しか取れない希少部位だ。

シキンボウ

牛

DATA	希少度	★★★☆☆
	価格	★★★☆☆
	かたさ	★★★★☆
	脂	★★★☆☆

🔥 レア

🍶 塩ダレ／わさび醬油／甘口ダレ

後肢の外側に付いているモモ肉の中の内側の部位。形状が金の延べ棒に似ていることから「シキンボウ」と呼ばれるようになったという説もある。繊維質な肉で基本的にかための食感のため、焼きすぎずサッと表面を火で炙る程度で食すのがおすすめ。

シシトウ

ナス科の唐辛子の一種だが、辛みは強くなくピーマンのようなほのかな苦みがある。火を通すと甘みが増し色鮮やかになるため、焼肉の付け合わせとして登場することが多い。強火で焼くと皮が弾けることがあるので、切れ目を入れておくか、焼く前に箸で刺して穴を開けておくとよい。

シズル

料理の瑞々しさや、肉が焼けたときに出てくる肉汁がジュージューと音を立てる様子を表す言葉。広告用語の一種で、肉汁があふれておいしそうに見える肉をさして「シズル感がある」などと表現する。

下処理 (したしょり)

肉を客に提供する前に、余分な脂を切り落としたり、より旨みを感じられるような形状に切りそろえたりする作業のこと。下処理のやり方次第で、同じ枝肉から取った肉でも味に大きな違いが出ることも。また衛生面に気をつけて下処理をしているお店を選びたい。

七輪 (しちりん)

軽量かつコンパクトな調理用の炉。珪藻土（けいそうど）が原料で、木炭や豆炭を燃料にして焼き物をする際に用いることが多い。赤外線の発生量が多いため、よく火を通す必要があるホルモン焼肉の店で採用されている。

ジビエ

野生動物の肉をさすフランス語。ヨーロッパでは古くから狩猟でとれた、鹿や猪、ウサギ、野鳥などの肉を食べる習慣があり、日本でもブームとなっている。野生動物による農作物被害対策のひとつとして積極的に推奨するケースも増えている。

シキンボウ ⇩ ジビエ

シビレ

牛	DATA	希少度	★★★☆☆
		価　格	★★☆☆☆
		かたさ	★★☆☆☆
		脂	★★★★★

🔥 ミディアム
🍶 塩ダレ／醤油ダレ／味噌ダレ

豚	DATA	希少度	★★★☆☆
		価　格	★★☆☆☆
		かたさ	★★☆☆☆
		脂	★★★★☆

🔥 ミディアムレア
🍶 味噌ダレ／塩ダレ／ガーリックバター

牛や豚の胸腺のこと。心臓の近くにある免疫機能を高める臓器のことで、成長すると脂肪に変化するため、牛の場合は生後1年以内の仔牛からしか取れない希少部位。上質な脂が豊富でクリーミーな食感は、白子にたとえられることも。

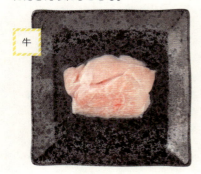

牛

脂肪
しぼう

その名の通り、肉の脂身の部分。甘みがあり、脂肪を多く含む肉ほどおいしく感じるのは、その甘みが旨みとなるため。ただしカロリーが高く、とりすぎると胃がもたれることもあるので、要注意だ。

シマ腸
ちょう

牛	DATA	希少度	★★★☆☆
		価　格	★★★☆☆
		かたさ	★★★☆☆
		脂	★★★★☆

🔥 ミディアム
🍶 甘口ダレ／塩ダレ／醤油ダレ

牛の大腸のこと。あるいは、大腸の中でも縞状に脂が入っている部位をさすこともある。小腸よりも噛みごたえがあり、噛み続けるほどに旨みが染み出てくる。脂分が多いので、気になる人は焼くときに脂をよく落とすといい。

霜降り
しもふ

脂身（サシ）が均等に細かく入った肉のこと。和牛が持つ最大の特徴で、赤身肉に霜が降ったようにサシが入っていることで、やわらかくジューシーな肉の味わいを楽しめる。

シャーベット

焼肉の最後に、サービスでシャーベットを提供するお店は多い。冷たくシャリシャリとした食感が、肉の脂でギトギトになった口の中をサッパリとさせてくれるからだ。高級焼肉店の叙々苑（P88）がこのサービスの発祥といわれている。

シャトーブリアン

🐮

DATA ｜希少度｜★★★★★
　　　｜価　格｜★★★★★
　　　｜かたさ｜★☆☆☆☆
　　　｜脂　　｜★★★☆☆

🔥 レア

🍶 塩胡椒／醤油／バター醤油

ヒレ肉の中心部分にある、特に肉質がやわらかい部位。名前の由来は、この部位を愛したフランスの小説家で政治家の名前「シャトーブリアン」。脂肪が少なくクセのない上品な味わいで、世界中の美食家から愛されている最高級の肉。厚めに切った肉を弱火でじっくり火を通してレアな状態で食したい。

JAPANESE BLACK
（ジャパニーズ ブラック）

和牛品種「黒毛和種」の英語表記。黒毛和種が世界的に高い評価を得ている表れといえよう。日本全国で飼育されている和牛の大多数が黒毛和種である。近年は外国産の和牛「WAGYU」も存在感を強めている。

しゃぶしゃぶ

薄切り肉を沸騰させたお湯にサッとくぐらせて食す料理。肉の脂がほどよく湯に溶け出し、焼き肉よりもサッパリとした味わいが特徴。ごまダレやポン酢などを付けて食べる。すき焼きと並ぶ人気肉料理のひとつ。

熟成（じゅくせい）シート

エイジングシートともいう。発酵熟成肉の製造技術のひとつで、肉をくるむシートのことをさす。近年、あらかじめ熟成に必要なカビの胞子を付着した特殊なシートも開発され、安全性の向上、熟成期間の短縮がはかられている。

食肉と流通

トラックなどで運搬

生産
牧場で飼育された牛や豚が出荷団体を経て、生きた状態で出荷される。牛や豚は全国にある食肉市場に搬送される。

食肉市場
搬送された牛や豚は休養と生体検査をし、食肉処理施設で処理・解体。枝肉と内臓それぞれ検査され、せり売りが行われる。

　食肉の中心となるのが食肉市場で、日本では東京都中央卸売市場が最大級。日本全国から牛や豚が生きたままトラックなどで搬送され、検査や解体、せり売りなどを経て、市場に流通していく。
　せり売りは卸売業者で行われるが、そこからさらに場内で加工を行い、仲売業者によって小売業者へ売られる。このせり売りがいわゆる格付けであり、A5やB4といった食肉の価値が決まる。
　また、血液や骨などの一部は薬品や工業製品の原材料として、食肉以外の業者へ流通しており、家畜は人間の生活に広く貢献しているのだ。

肉の目利き

産直システムで卸や仲卸を通さないで購入することもあるが、同じブランド牛でも個体差があるため、専門家の目を通さなければ良し悪しの判断が難しい。

小売業者

仲卸業者や売買参加者、内臓事業者などにより、精肉店、スーパーといった小売業者や、加工メーカーなどに流通する。

消費者

小売店で購入したり、飲食店で注文したりして、やっと口の中に運ばれる。長旅を経た食肉に感謝していただきたい。

CLOSE UP

食肉卸売市場の役割

検査や解体のほかに、枝肉・部分肉の集荷販売、公開せり取引による公正な価格形成、即日決済による確実な販売代金の精算、卸売価格の公表と取引情報収集伝達が食肉市場の主な役割。消費者に安心した食肉を適正価格で提供できる。

熟成肉

食肉になったばかりの枝肉を、2週間から1カ月ほど低温で適度な風を当てることで熟成させ、肉の中にある酵素でタンパク質を分解し、アミノ酸に変化させることで旨みを引き出した肉のこと。部位ごとに分けて真空パックにして熟成させる方法もある。

熟成肉 ⇩ 正肉

シュラスコ

ブラジルなど南米の肉料理のひとつで、肉を鉄串に刺して粗塩を振り炭火などで焼いて食べる。肉は男性ウエイターが焼いてくれ、食べごろになると客席に持ってきて食べたい量を切り分けてくれる。

上〜

上カルビ、上ミノなど、肉質がよい部位のメニューに付けられる。お店によってはその上のランクを「特上」「極上」とするケースもある。

焼酎

麦や米、サツマイモなどを原料にした蒸留酒のこと。黒糖や紫蘇、その他野菜や果物を原料にした変わり種もある。日本酒に比べ甘みが少なく炭酸やお茶で割って飲むことから、焼肉との相性もよい。

消臭スプレー

最近では肉の煙が出ない無煙ロースターを使用している焼肉店も多いが、七輪の炭火焼きでは煙が発生しやすい。こうしたことから洋服にカバーをかけたり、専用ボックスに収納したりする店もある。それでも気になる人は消臭スプレーをひと振りしよう。

正肉

枝肉から骨を取り除いた食用の肉。牛や豚の臓器であるホルモンと区別するために、肉全般を正肉と表現する。鶏肉の場合は、モモ肉をさし、「せいにく」と読む。

消費期限
しょうひきげん

未開封の状態で保存方法を守って保管した場合に安全に食べられる期限のこと。牛肉、豚肉、鶏肉で期間は違い、さらに同じ食肉でも部位や加工内容によって変わる。家庭での焼肉ではできるだけ新鮮なものを購入しよう。

賞味期限
しょうみきげん

食品を未開封の状態で保存方法を守って保管した場合に、品質が変わらずおいしく食べられる期限のこと。スナック菓子や缶詰、ペットボトルなどいたみにくい商品に表示されている。家庭での焼肉では、タレの賞味期限に注意を。せっかく質のいい肉を購入して、絶妙な焼き方をしても、タレの風味が落ちていたらもったいない。

醤油
しょうゆ

日本料理における基本的な調味料で、大豆・小麦・塩を原料にした発酵食品。刺身や寿司に少しだけ付けて食すように、素材の魅力を活かす役割である。焼肉店で味付けに醤油が出てきたら肉の味に自信がある証しといえる。

食す
しょく

「食う」「飲む」の尊敬語。また、「食べる」の文語である。こうした意味合いから、良質なものを食べる際に"食す"と使いたくなる。焼肉で最高級の和牛の希少部位に出合えたとき、"食す"を選択したい。「焼肉を食いに行こう」、「焼肉を食しに行こう」と誘われたとき、お店や肉のイメージが変わるのではないだろうか？

食中毒
しょくちゅうどく

細菌やウイルス、有害な物質が付着した食品を食べることにより、下痢や腹痛、発熱、吐き気などの症状が出る病気。十分に加熱されていない肉が原因となることも多い。また、生肉と焼いた肉を同じトングでつかむのはNGだ。

ショクドウ

 牛

「シキン（P80）」の別名。牛の食道の赤筋の部位のため、「ショクドウ」と呼ばれることもある。赤身肉に近い食感と味わいで脂の感じもほとんどない。ほかに、「ネクタイ」や「ノドスジ」という呼ばれ方もあり、焼肉店によって表示は異なる。

食道園
しょくどうえん

1946年ごろに大阪で創業した、老舗の焼肉店。関西圏で店舗展開している。焼いた肉をタレに付けて食べる、煙が出ないというのは現在は当たり前のことだが、創業当時は同店が最初に行ったとされる。現在は、しゃぶしゃぶのメニューも提供している。

画像：株式会社食道園提供

食肉市場
しょくにくいちば

JR品川駅港南口に近接した肉を取り扱う市場。東京都に11カ所ある中央卸売市場の中で唯一、畜解体作業から食肉作りまで一貫して行っており、食肉市場として全国一の規模を誇る。日本全国から銘柄牛や銘柄豚が集まってくる。

食のコンシェルジュ協会
しょく　　　　　　　　　　　　　きょうかい

肉マイスターである田辺晋太郎が2014年に設立した一般社団法人。広く一般市民に対して食に関する情報提供、人材育成を行い、正しい食文化の普及を目指し、「焼肉コンシェルジュ検定」を実施。各種セミナーやイベント、講演会などを行っている。

叙々苑
じょじょえん

東京都港区に本店を置く焼肉チェーン店。1976年に六本木で創業し、全国各地に直営店を展開。芸能人や著名人の間で話題に上ることも多く、高級焼肉店としての知名度は高い。

画像：株式会社叙々苑提供

食感
しょっかん

食べ物を口にしたときに得られる感触。肉の部位、脂の乗り具合、焼き加減、味付けなどによって食感の違いを楽しめるのも焼肉の醍醐味。

白老牛
しらおいぎゅう

北海道の白老町および白老牛銘柄推進協議会が認める北海道内の地域で出生し、肥育された月齢36カ月以内の黒毛和種。1954年に北海道ではじめて導入された、北海道産牛のトップブランド。2008年には洞爺湖サミットの昼食で供され世界のVIPから絶賛された。

しろ

DATA	希少度	★★☆☆☆
	価格	★☆☆☆☆
	かたさ	★★★☆☆
	脂	★★★★☆

🔥 ミディアム

🍶 甘口ダレ／塩胡椒／味噌ダレ

豚の大腸をさすのが一般的だが、小腸も含めて総称することも。「モツ」とも呼ぶ。小腸も大腸も脂身が多いが、脂身ごと料理する場合と、脂身を落として提供する場合がある。味のよさ、リーズナブルな点で豚肉のホルモンのエース格。

シロコロ

豚の大腸を裂かずに筒状のまま下処理を行い、一口サイズに切ったもの。下ゆでをしないため、脂肪が付いたまま焼くことができ、やわらかくジューシーな脂身の甘みと旨みを味わえる。神奈川県厚木市のB級グルメとしても有名。

ジンギスカン

北海道で焼肉といえば羊肉を使ったジンギスカンをさす。中央が盛り上がった形状のジンギスカン鍋で、薄切りの羊肉と野菜を焼いて食す。くさみの少ない子羊のラム肉の場合は生肉を使用することもあるが、成熟した羊のマトンの場合は、タレで下味を付けてから焼くことが多い。

信州牛
しんしゅうぎゅう

奥信濃の意欲的な生産農家が集まって、昭和37年に産地の食肉加工メーカーを設立。それまで生体輸送で出荷していた信州牛を、産地加工してパーツ販売を開始し「信州牛」としてブランド化した。一般的な飼料ではなく、特別に配合された発酵飼料で肉質を向上させている。

シンシン

DATA	希少度	★★★★☆
	価格	★★★★☆
	かたさ	★★☆☆☆
	脂	★★☆☆☆

🔥 レア
● 塩胡椒／甘口ダレ／醤油

後ろ足の付け根、うちモモの下部内側にある球状の肉「芯玉」の中心部分の肉。牛肉の中でも脂身が少なく、ローストビーフやたたきに使われることが多い部位。肉質はきめ細やかで、弾力のある食感が特徴。厚めの肉の場合は、塩胡椒でさっぱりと食べるのもいい。

しんたま

DATA	希少度	★★★☆☆
	価格	★★★☆☆
	かたさ	★★★☆☆
	脂	★★★☆☆

🔥 ミディアムレア
● 塩ダレ／塩胡椒／甘口ダレ

SHINPO
シンポ

愛知県名古屋市に本社がある、無煙焼肉ロースターの世界シェア第1位のメーカー。1980年に無煙ロースター「モスマック」の販売を開始。独自の技術でシェアを拡大し、海外にも進出している。

すい臓
ぞう

DATA	希少度	★★★★★
	価格	★★★☆☆
	かたさ	★☆☆☆☆
	脂	★★★★★

🔥 ミディアム
● 塩胡椒／醤油ダレ／塩ダレ

牛のフォアグラとして紹介する店もあるくらい、脂身の詰まった部位。肉の間にサシが入っているというより、脂身の塊の中にピンク色の肉が入り込んでいるといった感じで、見るからにこってりとした部分だ。大量に網に乗せると脂に火がついて炎上するため、少量ずつ焼くのがおすすめ。

豚のうちモモの下のほうにある球状の部位。脂身の少ない赤身肉で、豚肉本来の味わいが楽しめる。その形状から薄切りには向かないため焼き豚や煮豚にすることが多いが、焼肉でも肉がかたくならないようじっくりと火を通すことが肝心。

スーパー

家庭で焼肉をする場合は、業務用の肉を取り扱っているスーパーで塊肉を購入すると、安くておいしい焼肉が楽しめる。首都圏にチェーン展開している「肉のハナマサ」という業務用スーパーは有名。とにかく肉の種類が豊富で、格安で購入できる。

スープ

本格的な焼肉店で出てくるスープといえば、白濁した牛骨スープが一般的。甘みがありトロリとしたスープはやさしい味わいで、ごはんを入れてクッパにしたり、ビビンパにかけて食べても美味。

寿司

炙った牛肉をシャリに乗せた寿司は、回転寿司でも定着しつつある。これが焼肉店のメニューにあることも。焼肉×寿司というコラボは、日本の食文化を凝縮した食べ物だといえよう。

すき焼き

牛肉の薄切り肉を鉄鍋で焼き、味付けをして溶き卵を付けて食べる料理。関東風の作り方は、あらかじめ作っておいた割り下を使い、関西風では肉に砂糖と醤油を直接かけて味付けする。しらたき（糸こんにゃく）は肉をかたくするので、肉の隣に入れないよう気をつけたい。焼肉店にすき焼きのメニューがあるところもある。また焼いた肉をすき焼き風に生卵で食すことも。

スーパー ⇩ スタミナ苑

スタミナ

お店の中には、ボリュームがあるメニューやニンニクを使った料理に「スタミナ」と付けることがある。とにかく、メニューを読んだだけで元気が出そうな料理のことをさす。「スタミナ」と冠された料理を頼んで、おなかいっぱいにならなかったらその店はハズレ!?

スタミナ苑

東京都足立区鹿浜にある焼肉の名店。著名人や芸能人、政治家などの常連客も多く、レストランガイド「ザ・ガット・サーベイ」で東京一おいしい店として紹介されたこともある、焼肉の聖地的な存在。行列覚悟で行ってみたい。

スタンディング

立ち飲み、立ち食い蕎麦、立ち食い寿司は馴染みがあれど、立ち食い焼肉を知らない人は多いだろう。ところが近年、ひとり焼肉のブームもあってか、立ち食いの焼肉店が出てきている。複数人でテーブルを囲んで食べるだけがすべてじゃない。焼肉は気軽に楽しめる料理へと発展を遂げている。

砂肝(すなぎも)

鶏

砂肝とは鶏の砂嚢という器官のことで、レバーと混同する人も多いがレバーとは別物。くさみがなくコリコリとした食感が楽しめるため、酒のつまみとして人気が高い。下ごしらえをするときに、白い筋と薄皮を丁寧に取り除くと食べやすくなる。

スネ

牛の後ろ足のスネ肉は、脂身が少なく筋ばっているのでシチューや煮込み料理に使うのが一般的だが、1カ月ほど熟成させて細かく切り込みを入れると、得も言われぬ食感の焼肉となる。

酢の効能(すこうのう)

整腸作用、口臭予防、食欲増進、疲労回復、カルシウム吸収力の向上、代謝機能の促進など、健康面において酢の効能は挙げればキリがないほど多い。もちろん味のアクセントとしても価値が高く、黒酢ダレなど市販の焼肉ダレもある。

スペアリブ

豚

DATA｜希少度｜★★☆☆☆
　　｜価　格｜★★☆☆☆
　　｜かたさ｜★★★☆☆
　　｜脂　　｜★★★★☆

🔥 ウェルダン
🥢 塩ダレ／甘口ダレ／醬油

肋骨を付けたまま厚切りにしたバラ肉。バーベキューで人気の定番食材で、骨のまわりの肉は味が濃厚で脂身も旨みも強い。下味を付けて豪快に焼いてかじりつきたいが、脂身が多いので焼くときは脂をしっかり落とすようにしよう。

酢味噌(すみそ)

味噌に酢とみりんや砂糖を混ぜた合わせ調味料。焼肉ではセンマイを酢味噌に絡めるほか、ホルモンや豚足のタレとしても使われる。このほか、サッと湯通しした青ネギや青菜の酢味噌和えにも使われる。

炭火
すみび

木炭で起こした火のこと。焼肉の場合、炭火の遠赤外線効果で肉の奥までじっくり火を通すことができる。また備長炭のような上質な炭を使った場合、その香ばしいにおいを肉にまとわせることもできる。また火力が強いのも特徴で、上質な肉をサッと焼く際に有効。火加減が調整できない点においては、網の上の置き位置などの工夫をしたい。

成型肉
せいけいにく

くず肉や脂身、内臓などを結着剤で結着させ人工的に形を整えた肉のこと。金属容器に素材を詰めて圧縮して凍結することで結着させ凍結する場合も。食肉販売事業者は商品に「成型肉」の表示をすることが定められている。

精肉通販
せいにくつうはん

全国各地のブランド肉は、インターネットなどの通販で購入できる。良質な和牛は桐の箱に入れられるなど、贈物としても重宝されている。家庭での焼肉を豪華に演出する場合にも活用したい。「ふるさと納税」の特典がブランド牛である自治体もある。なお商品には、商品名称、原産地、内容量のほか、消費期限・賞味期限・保存方法などが表示されている。

精肉店
せいにくてん

精肉を扱う販売店。精肉店直営の焼肉店も全国に多数存在する。仕入れ価格を抑えられるため、良質な肉をリーズナブルに提供できると、人気のひとつの要因にもなっている。

セキズイ

牛の背骨の中、脊髄にある部位。プルンとした白子のような食感で正肉とは違った淡泊な旨みと甘みが味わえる。

炭火 ⇩ 背肝

背肝
せぎも

鶏

鶏の腎臓のことで滅多にお目にかかれない希少部位。レバーに似た濃厚な味だが、レバーよりくさみが出やすいため、濃いめの味のタレで下味を付けてから焼いて食べるとよい。

ゼラチン質

牛や豚を形作っている繊維状のタンパク質、コラーゲンを水で加熱して溶かしたものがゼラチン。一般的には牛や豚の皮の部分から抽出される。ゼラチン質が豊富な肉は、噛むほどにジューシーな汁があふれ出す。

全国焼肉協会

1992年に全国の焼肉店や、それに関係する業者により設立された団体。焼肉業界の関係者の相互交流と業界の発展を目的とした事業活動を通じて、社会貢献をすることを趣旨としている。全国5ヵ所での地区交流会や「ヤキニクまつり」などのイベントも行っている。

全国焼肉協会が発行している新聞。画像提供：事業協同組合 全国焼肉協会

仙台牛

日本全国の銘柄牛の中で、唯一、食肉格付け等級がA5かB5と定義されている最上級の肉。昭和49年に兵庫県から導入した「茂重波号（しげしげなみごう）」という種牛の子孫が仙台牛となっている。

鮮度

牛肉の場合、2週間から1カ月ほど熟成させてから提供することもあるが、豚肉やホルモンの場合、「鮮度＝旨さ」といえるほど、新鮮であることは大切。鮮やかな赤身、白く透き通った脂身の肉を提供してくれるお店を選びたい。

選別

同じブランド牛でも、個体によって品質の違いはある。これを専門御者は目利きして流通させるのだが、一般人がお店で肉を購入する際にも選別にこだわりたい。ドリップが出ていない、艶がある、脂肪の部分が厚い肉は、どの銘柄でも避けたい。

センボン

DATA
希少度	★★★★★
価　格	★★☆☆☆
かたさ	★★★★☆
脂	★★★☆☆

● ミディアム
● 塩ダレ／甘口ダレ／わさび醤油

後ろ足のそともも肉の中で、大腿骨と脛骨の関節を覆っている部分、ハバキの中心部の肉。牛1頭から500～600gしか取れないといわれる希少部位。ゼラチン質が豊富に含まれジューシーな味わい。筋が多いわりにやわらかい肉質で煮込むとトロトロに。

センマイ

牛

DATA	希少度	★★☆☆☆
	価格	★★☆☆☆
	かたさ	★★★★☆
	脂	★★☆☆☆

◉ ミディアムレア
◉ 塩ダレ／醤油ダレ／味噌ダレ

牛の第三胃袋。名前の由来は、内側に襞と突起が無数にあり千枚の布を重ねたように見えることから。外側の黒い皮を剥き湯引きするなどの丁寧な下処理をすると、シコシコ、シャキッという食感を楽しめる。細切りにして酢味噌と和えて食すこともある。

ソーセージ

バーベキューでは欠かせない食材。焼肉を焼いている網の端に置いてじっくりと火を通せば、バリッパリに焦げた皮と中からあふれ出す肉汁を存分に味わえる。肉に練り込むハーブやスパイスの違いでバラエティ豊かな味を楽しめるのも魅力。

ぞうきん

センマイの別名。見た目から名付けられたもので、地域やお店によっては「ぞうきん」と呼ぶことがある。この見た目から抵抗を感じる人も多いが、「センマイ刺」を好む通も少なくない。なお、「刺」といっても生の状態ではなく、湯通ししている。

掃除（そうじ）

焼肉の器具は食べ終えたらすぐに掃除を。肉の脂は冷えて固まると落としにくくなるからだ。カセットコンロや鉄板、ホットプレートなどは熱いうちにキッチンペーパーなどで脂を拭こう。また、余分な脂肪や筋を取り除くことを「肉掃除」という。

そともも

豚

DATA	希少度	★★☆☆☆
	価格	★★☆☆☆
	かたさ	★★★☆☆
	脂	★★★☆☆

◉ ミディアムレア
◉ 塩胡椒／塩ダレ／甘口ダレ

もも肉の外側の肉。お尻に近い部分のため運動量が多く、脂身が少ない。筋肉質でかたいため、シチューやローストポークとして調理されることが多いが、赤身が強い場合は薄切りにして焼肉にすると、豚肉本来の味がしっかり味わえる。

そぼろ

挽き肉をゆでたり炒めたりしてほぐしたもの。豚肉や鶏肉の場合が多い。山形県米沢の名物である駅弁の「牛肉ど真ん中」は、牛肉をそぼろにしたものと煮たものがびっしりと詰まった贅沢な弁当。サイドメニューやランチメニューで「そぼろごはん」を置く焼肉店もある。

大根おろし
だいこん

大根をおろし金やおろし器ですりおろしたもの。ビタミンCや消化酵素のジアスターゼ、胃腸を整えるアミラーゼなどが含まれ、焼肉と一緒に食べると胃もたれを防ぎ、その辛みが口の中をサッパリさせてくれる。醤油ダレに大根おろしを入れたものが多い。

大山鶏
だいせんどり

鳥取県米子市の大山の麓で生産されている銘柄鶏。大山鶏専用の飼料を与えることにより、腸内細菌を整えバランスのよい脂乗りと旨みを追求している。また、一羽一羽を個々に風を当てて冷却することで、ドリップによる旨みのロスが少ない肉となっている。

自然豊かな大山

ダイチョウ
豚

もつ煮でおなじみのホルモンの代表格、豚の大腸のこと。「しろ（P89）」の別名でもある。脂身が多く付いているが、脂身を落として下ゆでをして売られていることも多い。内臓の中では量が多くコクがある味わいのため、串焼きや煮込みなどに使われ、手軽な価格で提供されるありがたい部位。

大ヨークシャー種
だい　　　　　　　しゅ

日本で飼育生産されている豚の代表的な種。イギリス北部にあるヨークシャー地方が原産。大型で白い毛色、子だくさんで子育て上手。一般的にイメージする豚はこの種であることが多い。肉質は赤身と脂身のバランスがよくベーコンに活用される。

写真：(独)家畜改良センター提供

高森和牛
たかもり　わ　ぎゅう

玖西食肉研究会が生産を管理している山口県岩国市の銘柄和牛。岩国市の周東町は明治初期から食肉産業が盛んだったことから1999年に厳格な品質基準を決めブランド化された。周東町食肉センターでと畜解体処理した牛肉のみをさす。

卓上コンロ
たくじょう

家庭や焼肉店でテーブルの上に置いて焼肉やすき焼き、鍋などを火にかける調理用加熱器。カセットコンロ用、ガス管に直接つなぐタイプ、IHコンロなどがある。家庭で手軽に焼肉を楽しむためには欠かせないアイテムともいえる。

ダクト

冷房や換気などのために空気を送る管。送風管、風道。焼肉店では、焼肉の煙を排出するために、配置や機能に工夫を凝らしている店も多い。ダクトの位置が悪いと焼肉の煙に燻煙されてしまうので要注意だ。

タケノコ

牛

牛の大動脈、「ハツモト（P137）」や「コリコリ」などとも呼ばれる。心臓から30～40cmくらいの一番太い部分で、筒状になったものを開いて包丁で細かい切れ目を入れて食す。かたくて表面がぬるぬるしているため下処理には手間がかかる。火を通すとコリコリとした食感が楽しめる。

但馬牛
たじまぎゅう

兵庫県の銘柄牛。長命で遺伝力が強く、脂質が抜群によいこと、肉質の歩留まりがよいことから全国に広まった。日本にいる黒毛和種の繁殖雌牛の99.9％は但馬牛「田尻号」の子孫であることが、2012年全国和牛登録協会の調査により判明している。

た　卓上コンロ ⇩ 但馬牛

97

但馬玄
（たじまぐろ）

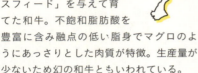
兵庫県で育てられている！

「たじまぐろ」と読み、但馬牛の中でもそば・ごま・あわなどを独自配合した「セサミヘルスフィード」を与えて育てた和牛。不飽和脂肪酸を豊富に含み融点の低い脂身でマグロのようにあっさりとした肉質が特徴。生産量が少ないため幻の和牛ともいわれている。

但馬玄 ⇩ タテバラ

田尻松蔵
（たじりまつぞう）

兵庫県美方郡香美町小代に生まれ、日本の和牛の原点となる「田尻号」を育てた人物。田尻号の母牛を多額の借金をして手に入れ、日々運動と手入れを欠かさず、よい草を食べさせるために山を切り開いて草地まで作った。昭和30年には田尻号を生産した功績が認められ黄綬褒章を受章している。

たたき

魚を材料とし、包丁でたたいたものを「たたき」という。カツオのたたきのように、皮付きのまま藁で表面を焼いて厚めに切る場合と、イワシやアジを包丁で細かくたたいてネギやショウガ、味噌などと合えたものがある。生肉をたたいたものは「ユッケ」というのが一般的だが、メニュー名に「たたき」を使っている店もある。

タッケジャン

韓国料理で鶏の辛いスープ。牛肉の辛いスープ「ユッケジャン」の鶏肉バージョンで、鶏肉と数種類の野菜で作った辛みのあるスープ。粉唐辛子とニンニクを炒めて味のベースを作ることもできるが、ユッケジャン用の合わせ調味料を使うと簡単。

タテバラ

牛	DATA	希少度	★☆☆☆☆
		価格	★☆☆☆☆
		かたさ	★★★☆☆
		脂	★★★★★

🔥 ミディアム
🍽 甘口ダレ／塩ダレ／醤油

あばら骨まわりの肉の外側で、前脚寄りの部分のこと。一般的にはカルビと呼ばれている。脂肪や筋、膜が多く肉質はきめ細やか。これは牛が呼吸のためによく動かす筋肉のため。

食(た)べすぎ

「良質な肉を多種類食べたい」という気持ち。おなかを満たすことも食事だが、良質な肉であるほど、舌と心を満たすことを重要視したい。焼いた肉を皿の上でしばらく休める、噛むごとに味わいが出てくるなど、がむしゃらに食べるだけでなく、焼肉の醍醐味をたっぷり感じよう。

食(た)べ放題(ほうだい)

一定の料金で好きなだけ食べられる飲食店のサービス。90分や2時間など時間制限が設けられていることが多い。食べられる肉の種類やランクは店側にゆだねるのが基本。サイドメニューやデザートのラインナップも豊富な店が多く、エンターテインメント性が高い。

食(た)べログ

カカクコムグループが運営するレストラン検索・予約サイト。ユーザーが来訪した店の雰囲気や味、サービスなどについての評価を投稿できる。口コミ採点は5点満点となっている。焼肉店の掲載も多く、このサイトから予約できる機能もある。複数店を見比べるにも有効なサイトだ。

画像：株式会社カカクコム提供

食べすぎ ⇨ タマネギ

卵(たまご)スープ

焼肉店の定番スープ。牛肉や鶏肉、またそれらの骨から取った出汁に、煮干し出汁や昆布出汁などを加え塩胡椒や醤油で調味し、溶き卵を回し入れ軽く火を通したスープのこと。辛いスープの場合、ふわりと固まった卵の甘みと旨みが辛みを和らげてくれる。

タマネギ

中央アジア原産の野菜。日本に伝来したのは江戸時代といわれているが、本格的に栽培されるようになったのは明治以降。生のままスライスすると辛みがあるが、炒めたり煮たりすると甘くなり旨みが出る。焼肉の焼き野菜の定番のひとつ。

99

たむらけんじ

よしもとクリエイティブ・エージェンシー所属のお笑い芸人。2006年に「炭火焼肉たむら」をオープンし人気店に。複数の店舗を経営し、実業家としても活躍している。

画像：株式会社TKF提供

タレ

醤油、砂糖、酒、ニンニク、ごまなどを混ぜ合わせた調味料。市販のタレは甘口から辛口までバラエティに富む。焼いた肉に付ける「つけダレ」として利用されることが多いが、焼く前にもみ込んで置く場合もある。焼肉店では他店との差別化のために自家製のタレを提供するところが多い。

タレ皿

焼肉店では手のひらサイズの小皿をタレ皿として提供する店が多い。焼いた肉を熱々のままタレに付けることが目的だが、部位によっては少し休ませて食べたほうが旨みが増すこともある。また、複数のタレが区分けされたタレ皿で提供される店も少なくない。

タン

牛　DATA｜希少度｜★★★☆☆
　　　　｜価　格｜★★★★★
　　　　｜かたさ｜★★☆☆☆
　　　　｜脂　　｜★★★★☆

🔥 レア
🍶 塩ダレ／塩胡椒／柑橘類のしぼり汁

豚　DATA｜希少度｜★★☆☆☆
　　　　｜価　格｜★★☆☆☆
　　　　｜かたさ｜★★★☆☆
　　　　｜脂　　｜★★★☆☆

🔥 ミディアムレア
🍶 塩胡椒／塩ダレ／甘口ダレ

牛の場合1頭から約50cm、1～2kg取れるといわれる、焼肉で人気の部位。タンシチューなど洋食の煮込み料理にも利用される。豚の場合、長さは約15cmで牛のタンよりあっさりとした味。羊のタンは1頭から100g程度しか取れない希少部位。クセがなくやわらかくジューシーなのが特徴。

牛

豚

タンモト

牛タンの根元側の部位。脂が乗ってやわらかいため特上扱いとなる。「芯タン」とも呼ばれる。タンは、タン先、タン中、タン下などに分類され、部位によって味やランクが異なる。厚切りのタンモトの場合は、焼いたあと少し休ませてゆっくり火を通して食すのがおすすめ。

弾力
だんりょく

肉の味わいにおいて弾力は重要な要素のひとつ。肉に歯を入れ噛み切ったあとに広がる肉汁とその旨みを味わう醍醐味は、肉の弾力があってこそだからだ。

畜産
ちくさん

人間の管理下にある家畜を、農作物や野生植物を飼料に用いて飼養する生産行為、または産業。具体的には、ウシ、ウマ、ブタ、ヒツジ、ヤギなどと、家禽といわれるニワトリ、アヒル、カモなどが食肉用に育てられている。

チゲ

朝鮮料理の鍋物のこと。魚介や肉、豆腐・野菜・キムチなどを入れ、テンジャンやコチュジャンなどで味を付ける。ソーセージやランチョンミートを辛いスープで煮る「プデチゲ」や、やわらかい豆腐を入れた「スンドゥブチゲ」などがある。

チシャ（菜）
な

ヨーロッパ原産のキク科の野菜。漢字では「苣」と書く。レタス・サラダ菜・カキヂシャ・タチヂシャ・サンチュなどの種類がある。結球するものを球チシャ、結球しないものをカキヂシャ・葉チシャなどとして区別する。

チチカブ

豚の乳房のこと。乳汁を搾り出して、洗浄したものが流通している。煮込みに利用されることが多いが、焼肉でも美味。

着火剤

バーベキューやキャンプの際、薪に火をつけたり、炭をおこしたりするときに使用すると便利な道具。可燃性の高い成分を含む、固形のものやゼリー状の液体もある。キャンプに持っていくのを忘れたら、松ぼっくりを着火剤にするという方法もある。

チヂミ

韓国料理でお好み焼きに似ている。水で溶いた小麦粉を薄く延ばし油で焼いたもの。日本のお好み焼きより水分が多めの生地に、ニラやタマネギ・ニンジンなどの野菜を入れて焼き、醤油や酢、ごま油などを合わせたタレを付けて食す。イカやカキ・貝柱などを入れた「海鮮チヂミ」が人気。

腸管出血性大腸菌O157

人間に下痢などの消化器症状や合併症を引き起こす、毒素を産生する病原大腸菌。この菌が原因の食中毒は、過去10年では年間10～30件発生し、患者数は100～1,000人で推移しており、年間10人もの死者が出た年もある。感染源は生肉やレバー、井戸水など。

血抜き

肉の味の決め手となるのが血抜き。ジビエの場合、仕留めたあとの血抜きのやり方で肉の味や食感に大きな違いが出るという。またレバーなどの内臓を調理する際も、水でよく洗って血抜きをしっかりするとくさみを取り除くことができる。

中ヨークシャー種

イギリス原産の豚。毛色は白く、幅と厚みのある胴体を持った中型種。おとなしく飼いやすい性質で、肉質は皮下脂肪が厚く良好。かつて日本の養豚の約95％はこの種だったが、現在は1％以下に減少している。

写真：(独) 家畜改良センター提供

直腸(ちょくちょう)

牛

DATA	希少度	★★★☆☆
	価格	★★★☆☆
	かたさ	★★★★☆
	脂	★★★★☆

🔥ウェルダン

🍶甘口ダレ／塩ダレ／味噌ダレ

腸の末端にある消化管で、ソーセージの天然ケーシング（肉を包む管）の材料として使用される。別名「テッポウ」。

貯蔵室(ちょぞうしつ)

食材を保管する部屋。食品によって温度や湿度を調整し、鮮度を保った状態で保管するための部屋。熟成肉を作る場合、1〜2度に保たれた貯蔵室で適度に肉に風を当て湿度のバランスを保つことが重要。

チョレギ

韓国の方言で正確には「コッチャリ」。浅漬けのキムチのこと。発酵が進んでいないため酸味が少なく辛みが強い。最近では焼肉店で提供する生野菜サラダのことを「チョレギサラダ」ということも多い。

チレ

牛

DATA	希少度	★★★★★
	価格	★★★☆☆
	かたさ	★☆☆☆☆
	脂	★★★★☆

🔥ミディアムレア

🍶甘口ダレ／塩ダレ／味噌ダレ

豚

DATA	希少度	★★★☆☆
	価格	★★☆☆☆
	かたさ	★★☆☆☆
	脂	★★★☆☆

🔥ミディアムレア

🍶味噌ダレ／塩ダレ／ガーリックバター

脾臓のこと。血液を作る器官のひとつで、表面はレバーと似た見た目をしているが、レバーより細長い形状をしている。新鮮なものは生食できるためレバーが禁止されて以降、メニューに載せる店が増えた。味はレバーよりクセがあるため食べ方に工夫が必要。

牛

豚

つけダレ

焼いた肉の味付け用のタレ。醤油ベースの甘辛いタレが主流だが、肉の味に自信がある店の場合、わさび醤油や岩塩などを提供する場合もある。またタン専用の塩ダレを提供する店も。

壷キムチ

杵でついた干し大根を壷で塩漬けにしたあと、醤油ベースの合わせ調味料で味付けをしたもの。南九州の伝統的な漬物で、たくあんに似たべっ甲色をしている。

壷漬け

肉を壷の中で特製ダレに漬け込んだもので、肉の種類は主にカルビやホルモン。タレにじっくり漬け込んだ肉が壷から出てくる様子は、それだけでヨダレもの。

つまみ

手軽な酒のさかな。焼肉のつまみには、キャベツやキュウリなど口の中をサッパリとリフレッシュしてくれるつまみがあると、脂っこい肉を飽きずに食べ続けることができる。また、ホルモンは酒のつまみに最適とされ、焼いては酒を飲むのループは、おなかがいっぱいになるか、酔いつぶれるかまで止まらない。

ツラミ

牛

DATA | 希少度 | ★★★☆☆
| 価格 | ★★★☆☆
| かたさ | ★★★★☆
| 脂 | ★★★★☆

🔥 ミディアムレア
🏺 塩ダレ／ポン酢／塩胡椒

牛のほほ肉のこと。こめかみとほほ肉の総称をツラミという地方もある。脂肪とゼラチン質が豊富に含まれているため濃厚な味わいを楽しめる。西洋料理では赤ワイン煮込みなどに利用される。焼肉の場合は薄切りにしてサッと焼くと独特のコクを感じることができる。

ツル

 鶏

若鶏の首まわりの肉で、少量しか取れない希少部位。「小肉」「セセリ」ということもある。シコシコした歯ごたえが特徴で、旨みにコクがある。

鶴橋
つるはし

大阪市の鶴橋商店街は、戦後、露天商が集まり自然発生した「闇市」が起源。昭和22年に5カ国（日本、韓国、北朝鮮、中国、台湾）の人々が参加して、300店舗、会員数1200人の任意団体として「鶴橋国際商店街連盟」を結成。国際色豊かな商店街として発展し、昭和42年には「鶴橋商店街振興組合」が設立された。焼肉店が多いことから「焼肉の聖地」と呼ばれている。

鶴橋 ⇩ テール

低温
ていおん

肉は高温で焼くとストレスがかかりかたくなるため、低温でじっくりと火を通したほうがやわらかく旨みを引き出す部位もある。最近では真空パックにして60度ほどのお湯に長時間浸けることで火を通す方法なども人気がある。

ディストリビューター

分配者、配給者、または、卸売業者。焼肉店の場合、いい卸売業者と良好な関係を築いているかどうかで、仕入れに大きな差が出る。希少部位を提供できる店は、卸売業者との付き合いが上手な証しでもある。

テクスチャー

質感。肉の表面や断面などの見た目や舌ざわりなどのこと。

テール

牛	DATA	希少度	★★★☆☆
		価　格	★★★★☆
		かたさ	★★★☆☆
		脂	★★★★☆

🔥 レア

塩ダレ／醤油／甘口ダレ

牛の尻尾の部分の肉。よく動いている部位のため、肉の味が濃い。またよい出汁となり、テールスープなどのスープ料理に活用されることが多い。タンパク質とコラーゲンが豊富なため、美容食材として韓国の女性に人気がある。

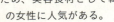

極める

家焼肉のあり方

流通の発展により、家庭でも焼肉店さながらの肉を食べられる。そのレベルをさらに高めるためには、ちょっとした知識と技術が必要だ。

卓上コンロ派

カセット、電気、電池などで火力を得る卓上コンロ。焼肉専用のタイプも多く、網や専用の鉄板をセットして焼く。脂の通り道があるのが魅力で、また煙が出ないタイプも出ており、家焼肉の悩みがひとつ解消された。

温度調整

温度調整できるタイプのものは、200度を目安にしたい。高温になると油煙が発生する。温度を一定に保つタイプもある。

焼き上がり

焼肉店のように強火でサッと焼くことは難しいが、脂を落としながら焼き上げることは可能。炙れるタイプのものもある。

後処理

プレートが取り外せるタイプは洗浄しやすい。脂が溜まったトレーも同様だ。またファンなど細かい部品も取り外せればベスト。

> **タレ選びも魅力**
> 市販のタレは多種類あり、クオリティも進化し続けている。この市販のタレに薬味を足すなどし、オリジナルダレにするのも楽しい。

ホットプレート派

さまざまな調理で使われるホットプレートは、焼肉を専門としていないため、ひと手間をかけたい。そのひと手間さえあれば、焼肉のクオリティはうんと高くなる。ポイントは脂への対応だ。

温度調整
250度くらいまで設定できるプレートが多いが、200度前後が目安。高温では脂が煙化してしまうからだ。部位による温度調整を。

焼き上がり
脂はこまめにキッチンペーパーで拭き取る。また、くしゃくしゃにしたアルミホイルを敷いて焼くと脂が溝に溜まり、うまく焼ける。

後処理
焦げを防ぎながら焼けば洗浄も苦にならない。またアルミホイルを敷いた場合は、その都度取り替えればプレート自体は汚れない。

テグタン

韓国料理で真ダラを煮込んだスープのこと。タラの頭や身だけでなく肝や白子、セリや豆もやし・大根・ネギなどの野菜を使い、ニンニクとショウガの風味をきかせた真っ赤な辛い鍋料理。韓国の釜山には、テグタン専門店が軒を連ねる「三角地・テグタン通り」もあるほど人気のある料理だ。

デザート

焼肉屋のデザートの定番、シャーベットをはじめ、近年ではフルーツやアイスクリーム、パフェなどを出す店もある。

テストステロン

男性ホルモン（アンドロゲン）のひとつ。約95％が睾丸（精巣）の中で合成され分泌されているといわれている。原料はコレステロールのため、卵や肉などをバランスよく食べることでテストステロンの分泌量を保つことができる。テストステロンの分泌量が急激に減ると、男性更年期のさまざまな症状が出る。

テッチャン

「シマ腸（P82）」の別名。焼き加減ひとつで脂の量を調整できる。

テッポウ

牛

牛の「直腸（P103）」のこと。筒状のものを開いた形状が銃床に似ていることから「テッポウ」と呼ばれるようになったという。脂肪が少なく、噛み切れそうで噛み切れない独特の食感をクニュクニュと楽しむことができる。下処理がしっかりしてあれば、においは気にならない。

てっぽう

豚

DATA	希少度	★★☆☆☆
	価格	★☆☆☆☆
	かたさ	★★★★☆
	脂	★★★★☆

🔥 ウェルダン
🍶 甘口ダレ／味噌ダレ／塩ダレ

豚の直腸は、内臓の中でも最もトロトロとした部位。大腸・小腸・盲腸・胃袋と共に「白モツ」「白もの」といわれている。独特のくさみは長時間下ゆでをすることで減らすことができる。肛門付近の肉厚なものほど品質も味もいいといわれている。

手羽先
鶏

ニワトリの翼の部分は手羽先と手羽元に分けて売られている。手羽先の先の部分を切り落としたものを「手羽中」と呼ぶこともある。脂肪とゼラチン質が豊富なため、スープや揚げ物に適している。

手羽元
鶏

手羽元は、人間でいうと二の腕にあたる部分で、よく動かす部位のため、筋肉質で肉の量が多く、煮物や揚げ物に向いている。酢とみりんで煮込み仕上げに醤油で味付けをすると、肉が骨からホロホロと剥がれナンコツまで食べられる。

手羽先 ⇨ 寺門ジモン

デュロック種

アメリカのニューヨーク州やニュージャージー州が原産の豚。毛色は褐色で、顔がややしゃくれているのが特徴。おとなしい性質で暑さに強い。筋肉質で脂肪が豊富なためやわらかくジューシーな肉質をしている。

写真：(独) 家畜改良センター提供

寺門ジモン

太田プロダクション所属の芸人。三人組のお笑いグループ、ダチョウ倶楽部のひとり。芸能界きってのグルメといわれている。また肉好きでも知られグルメ番組やグルメイベントの監修を務めることもある。

松阪市ブランド大使

松阪牛で知られる松阪市は、同市の魅力を積極的にPRしていただける人に「松阪市ブランド大使」を委嘱している。寺門ジモン氏は、2012年3月に就任した。

109

天使の輪
てんしのわ

熟成肉は外側がうっすら濃い色に変色する。スライスしたときのその色が輪に見えることから名付けられた。

とうがらし

DATA	希少度	★★★★☆
	価格	★★★☆☆
	かたさ	★★★☆☆
	脂	★★☆☆☆

🔥 レア

🍴 醤油／甘口ダレ／塩胡椒

牛の肩の一部、肩甲骨付近の肉。形状が唐辛子に似ていることからこう呼ばれている。赤身の旨みが強く、肉汁が豊富なためローストビーフに使われることが多い。焼肉で薄切りにしてさっと炙って食すと塊肉のしっとりとした味とは違う食感を楽しめる。

唐辛子
とうがらし

焼肉のタレに入れられるほか、韓国料理の味付けに欠かせないアイテム。辛みは風味だけでなく食欲増進の作用もあり。また、辛さを売りにした焼肉店もあり、唐辛子入りのタレに漬け込んだ肉を、舌をヒリヒリさせながら食べるというもの。

トウモロコシ

バーベキューで人気が高いのが焼きトウモロコシ。仕上げに醤油を塗って焼き上げれば、香ばしいにおいが広がり甘みが際立つ。バターを乗せれば、さらに旨みをアップさせることもできる。

等級
とうきゅう

牛の場合、歩留等級A・B・Cの３段階と、１～５の肉質等級で格付けが決まってくる。歩留とは枝肉から骨や筋を取り除いた後の肉の量のこと。肉質はサシの量や肉の色味や光沢、締まり具合などを評価したもの。豚の場合、そんなに差がないため、等級はあまり重要視されていない。

TOKYO X
（トウキョウ エックス）

北京黒豚・バークシャー・デュロックの3品種を交配させ改良を重ねて、東京都が開発した日本初の合成豚。平成2年から7年かけて改良し平成9年に日本種豚登録協会から系統造成豚として認定された。名称については、認定された系統名を「トウキョウX」、豚肉としてのブランド名を「TOKYO X」としている。肉質は、良質な脂肪、豊富な脂肪交雑、筋繊維の細かさが特徴。

画像：TOKYO X 生産組合提供

トキソプラズマ

獣肉や鳥肉が保有する恐れのある寄生虫。食肉の中心部分が67度以上になるまで加熱するか、中心部がマイナス12度になるまで凍結させると不活性化できる。電子レンジによる調理の場合、中心部まで十分に加熱できない可能性があるため注意が必要。妊婦が感染すると死産したり子どもに障害が出たりする場合もある。

特上
（とくじょう）

上カルビや上タン塩などより、さらにおいしく希少性の高い部位を提供する際に「特上」と冠する店もある。当然のことながら、上カルビや上タン塩より、特上カルビ、特上タン塩のほうが値段も高い。

特選
（とくせん）

特上のさらに上をいく肉に「特選」と冠するケースもある。より希少性の高い銘柄肉であることや、お店のプライドをかけて厳選された肉であることを表現している。

トッポギ

餅を使用した韓国料理。本来は炒め物のことをさす。韓国の餅は棒状で、それをぶつ切りにして甘辛い炒め物に使う。日本の餅ほどもちもちしていないため、サクッと食べやすい。

トッポギトック

棒状の餅を斜めに薄くスライスしたものを入れたスープ料理。餅がくっつかないようオイルコーティングされているため、料理に使用する前にぬるま湯ですすいでからスープに投入する。

どて

DATA	希少度	★★★★☆
	価格	★★☆☆☆
	かたさ	★★☆☆☆
	脂	★★★★☆

🔥ウェルダン
🍶甘口ダレ／辛口ダレ／味噌ダレ

豚の肛門のこと。1人前に豚2頭分が必要となることから、かなりの希少部位といえる。鶏の尻尾「ボンジリ」と同じく、脂肪が多く肉厚のため、脂の甘みと濃厚な味を楽しめる。独特なくさみがあるので、下ゆでをしてから調理する。

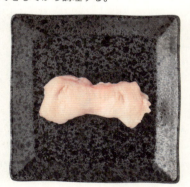

都萬牛(とまんぎゅう)

宮崎県で生産されている黒毛和種。霜降りがあまり付かないように肥育し、肉色の濃い低脂肪でヘルシーな赤身肉が特徴。牧草や飼料イネのほか、お茶の葉や焼酎粕や米ぬかなどを与えて飼養している。

ドーナッツ

DATA	希少度	★★★★☆
	価格	★★☆☆☆
	かたさ	★★☆☆☆
	脂	★★★★☆

🔥ウェルダン
🍶甘口ダレ／辛口ダレ／味噌ダレ

豚のノド仏にある軟骨。しっかりと火を通してカリカリになるまで焼くと、コリコリとした食感が楽しめる。豚耳のナンコツ、ミミガーよりもさらにかたく歯ごたえがしっかりしている。

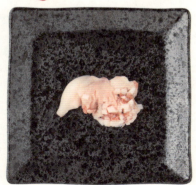

友三角
とも さんかく

🐄 牛

DATA	希少度	★★★★☆
	価　格	★★★★☆
	かたさ	★★☆☆☆
	脂	★★★★☆

🔥 ミディアムレア
🍶 醤油／甘口ダレ／塩ダレ

後肢の付け根、うちももより下の内側にある球状の肉、しんたまの中心部分シンシンの外側部分のこと。三角形をしているためこう呼ばれている。サシがしっかり入っているが赤身の旨みが強い。また、歯ごたえはあるがサクッと噛み切れ、濃厚な肉汁が口の中にあふれてくる。

ともバラ

あばら骨に付いている肉の中でも腹の下側の肉のことで、タテバラ、中落ちカルビ、ササバラ、カイノミ、インサイドスカートの部位の総称。カルビとして提供され、脂の旨みと赤身のコクを味わうことができるため、熱烈なファンも多い。

ドライエイジング

牛の熟成肉を作る方法のひとつ。枝肉や塊肉を1～2度の貯蔵室や冷蔵庫で適度な風を当てながら熟成させる。肉の表面を乾燥させることで内部に酸素が入らず、酵素の働きでゆっくりと熟成を進めることができる。2週間から1カ月で完成だが、水分が抜けるため歩留が悪くなるというデメリットも。

鶏皮
とりかわ

ゆでた鶏皮のニュルンとした食感が苦手な人もいるが、しっかりと焼いて脂を落とすとカリカリになって旨みが凝縮する。

ドリップ

肉や魚から出る水分。保存状態が悪かったり鮮度が落ちたりするとドリップが出てきて旨みが抜けてしまうため、肉を買うときはドリップの出ていないものを選ぶようにしよう。

鶏もも
とり

🐔 鶏

鶏の足の付け根の部分の肉。脂が豊富でやわらかい肉質のため、炒め物や煮込み料理にするとジューシーな味わいが楽しめる。鶏肉の中でも最も人気がある部位だがカロリーは胸肉に比べ高め。遊離アミノ酸とタウリンが豊富で濃厚な味。

友三角 ⇩ 鶏もも

トレーサビリティ

追跡可能性。食品の安全を確保するために、栽培や飼育から加工・製造・流通などの過程を明確にすること。また、その仕組み。日本の場合、狂牛病の発生を受けて牛は全頭検査を徹底したため、トレーサビリティが確立されている。

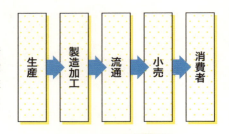

ドレッシング

サラダにかけるタレ、ソース。市販品ではオーソドックスなフレンチドレッシングから、和風、中華風、ノンオイルまで非常に種類が豊富にそろっているが、焼肉店によっては独自開発したドレッシングで他店との差別化を図っているところもある。叙々苑のドレッシングは市販されるほど人気。

トング

焼肉を焼くときに使う道具。肉挟み。菜箸を使う店もあるが、トングを使ったほうが肉を落とす可能性が低い。ただし、生肉に付いている雑菌がトングを介して口に入ってしまうことを避けるために、生肉をつかむトングと焼けた肉を取るトングは別にしたほうが安全。

豚足

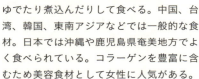

骨付きの豚の足。
ゆでたり煮込んだりして食べる。中国、台湾、韓国、東南アジアなどでは一般的な食材。日本では沖縄や鹿児島県奄美地方でよく食べられている。コラーゲンを豊富に含むため美容食材として女性に人気がある。

トンテキ

豚肉のステーキのこと。三重県四日市市が発祥地とされ、ソテーした厚切り肉である、黒っぽい色の味の濃いソースが絡んでいる、ニンニクが添えられている、付け合わせは千切りキャベツが主である、などの定義あり。

とんトロ

DATA	希少度	★★☆☆☆
	価格	★★☆☆☆
	かたさ	★★★☆☆
	脂	★★★★☆

🔥ミディアムレア
塩胡椒／塩ダレ／甘口ダレ

豚の首肉の一部で、赤身と脂肪が層をなしており、脂は多いがさっぱりとした味わい。塩胡椒や塩ダレで脂の旨みを引き立てたい。そのため、脂を落としすぎないように、表面をカリッと焼くのがポイント。

薄切りと厚切り

肉質の魅力は厚みで変わる。例えば「ざぶとん」は、脂がしつこく感じることがあるため薄切りが向いている。また、「とうがらし」のように同じ部位でも薄切りと厚切りで別の感覚を味わえるものもある。

注意したいのが焼き加減だ。薄切りは強火でサッと焼き、厚切りや塊肉は弱火でしっかり焼くことが多い。分厚い肉は側面を焼く場合もあるが、タンとヒレは縦方向のみに繊維（熱は繊維に沿って上がる性質がある）が入っているため、側面を焼くのは不要だ。

薄切り（例）
- ◆ざぶとん
- ◆ミスジ
- ◆ウワミスジ
- ◆リブキャップ
- ◆イチボ
- ◆なか肉
- ◆ハバキ
- ◆友三角

厚切り（例）
- ◆ウワミスジ
- ◆クリミ
- ◆マキ
- ◆中落ちカルビ
- ◆シャトーブリアン
- ◆ヒレ
- ◆カイノミ
- ◆ランプ

厚切り肉を休ませる

弱火でしっかり焼いた厚切り肉は、皿の上で同じ時間だけ休ませること。旨みが全体にいきわたり、より美味に。

内臓
ないぞう

牛や豚、鶏肉など正肉のほかに内臓も余すことなく食べるのが焼肉。内臓はホルモンやモツとも呼ばれ、舌や脳みそ、脊髄から胃袋、小腸、大腸といった消化器官、心臓、腎臓、肝臓といった臓器までに及ぶ。命をいただくありがたさを感じることができる。

中落ちカルビ
なかおち

牛 | DATA | 希少度 | ★★★☆☆
| | 価　格 | ★★☆☆☆
| | かたさ | ★★★☆☆
| | 脂 | ★★★★★

🔥 ミディアム
🥢 甘口ダレ／コチュジャン系タレ／辛子醤油

マグロと一緒で、あばら骨の間にある肉を中落ちという。骨と骨の間から肉を取り除く作業は非常に手間がかかるが、その割には比較的に安価で提供されている。バラ肉の中でも骨に近い部分のため、味は濃厚で脂身が多くジューシー。

なか肉
にく

牛 | DATA | 希少度 | ★★★☆☆
| | 価　格 | ★★★☆☆
| | かたさ | ★★★☆☆
| | 脂 | ★★★☆☆

🔥 レア
🥢 わさび醤油／甘口ダレ／塩ダレ

牛の後ろ足のそとももの外側の部分の肉。脂身が少ない赤身肉で、焼きすぎるとかたくなるので要注意。肉質はきめが細かいものの筋肉質なため噛みごたえは十分。ガシッと噛むとサックリと切れて旨みが味わえる。

名古屋コーチン
なごや

明治維新後、尾張藩士が作り出した、名古屋名産の地鶏。トサカや眼、耳朶が赤く、羽根は赤褐色で、雄のほうが赤みが強い。肉質は弾力に富み、しっかりとした歯ごたえがあり、濃厚な鶏肉の旨みが特徴。

生卵
なまたまご

牛の生肉・ユッケは生卵の黄身を絡めて食べるのが定番。卵を生のまま食べる習慣があるのは世界中で日本だけといわれている。また、「卵がけごはん」に焼肉のタレを少し加えると、ひと味違った風味に。焼肉のタレは肉以外にも活用できる、万能調味料なのだ。

生肉
にく

肉を生で食べられるのは、牛肉と鶏肉のごく一部だけ。保管方法や処理方法をきちんと守らないと食中毒になる恐れがあるため気をつけたい。それでも多くの人が生肉を食べたがるのは、おいしいから。焼いた肉とはまったく違ったねっとりとした食感、濃厚な味わいに病みつきになる。

生ビール
なま

ビールは醸造したあとに加熱殺菌するケースと、しないケースがある。生ビールは加熱殺菌していないもの。技術の発展により流通しているビールの多くは"生"だ。ビール本来の風味が残され、すっきりした味わいが特徴。飲食店の店員が発声する「生一丁」の響きも魅力のひとつだろう。

生焼け
なまや

肉の中心部まで十分に火が通りきっていないこと。寄生虫や細菌など加熱により死滅させることができるが、生焼けのまま食べると食中毒になる恐れがあり危険。焼き具合を色で判別する人もいるが、熱がしっかり通っているかが重要。しかし、焼きすぎで味を損なうのも残念だ。

ナムル

もやしやほうれん草、ぜんまいなどを塩ゆでし、ごま油と塩胡椒などであえたもの。韓国焼肉の付け合わせの定番だ。肉と一緒にサンチュやエゴマの葉に巻いて食べることもある。

生レバー
なま

ごま油に塩を加えたタレに付けて食べるのが一般的。牛の生レバーは、焼肉店の人気定番メニューのひとつだったが、残念ながら2011年に発生した集団食中毒事件をきっかけに生食用のレバーの販売・提供は禁止された。

生肉 ⇩ ナムル

ナンコツ

豚

DATA	希少度	★★★☆☆
	価格	★★☆☆☆
	かたさ	★★★★★
	脂	★★☆☆☆

🔥 ミディアムレア
🍴 塩胡椒／塩／塩ダレ

豚1頭からわずかしか取れない希少部位で、気管とその先端までの総称。カルシウムの含有率が比較的高く、コリコリとした食感と舌ざわりが楽しい部位だ。ただし、下処理に手間がかかるため、扱っていない店もある。

ナンコツ ⇨ 肉刺し

にいがた和牛

新潟県産和牛の統一ブランドで、新潟県内で育てられたA3、B3以上の等級のものをさす。また、村上市、岩船郡、胎内市で肥育された「にいがた和牛」のうちA4、B4以上のものを「にいがた和牛村上牛」という。さらに、クリーンビーフ生産農場でA5ランク、BMS 9以上のものは「厳選にいがた和牛」としてプレミアム化されている。

画像：にいがた和牛推進協議会提供

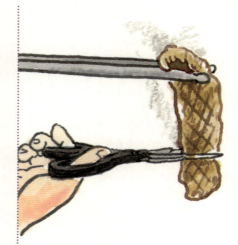

肉切りハサミ

韓国料理のサムギョプサルは、厚切りにした三枚肉をそのまま豪快に焼き、卓上で肉切りハサミで肉を食べやすいサイズに切って提供される。肉は生の状態より焼いてからのほうがカットしやすいので合理的な料理法ともいえる。

肉切り包丁

肉を切るための包丁のことを「牛刀」という。細長い形状で切っ先が細く尖っている。その細く尖った部分を肉の塊に押し込むようにして肉を切っていく。一般的な三徳包丁より大ぶりだが慣れると使い勝手がよく、肉だけでなく野菜も切れる。

肉刺し

肉の刺身や生肉のこと。お造りやカルパッチョのようなサラダ、にぎり寿司として提供してくれる店もある。ただし肉の生食は危険が伴うため、信頼できるお店を見極める必要あり。

肉質

赤身肉のガシっと噛みごたえのある肉質、霜降り肉の舌の上でとろけるようなジューシーな肉質、ホルモンのコリコリ、サクサクした肉質など、さまざまな部位の肉質の違いを楽しめるのが焼肉の醍醐味だ。食べたことのない部位を見つけたら、未知の肉質を求めてチャレンジしてみよう。

肉汁

肉の旨み成分が凝縮されている肉汁を、いかに閉じ込めるかが肉を焼くときのコツ。焼いている途中で、肉を押したりいじり倒したりして肉汁が出てしまわないよう気をつけたい。上手に焼いて熱々の肉汁が口の中に広がったときの感動は格別。

肉食

鳥獣魚介の肉を食べること。その動物を肉食動物という。なお、牛は草食動物で、人間は雑食動物。それぞれに健康面に影響があるが、焼肉を食べることで精が付くことは確かだろう。

肉質 ⇩ 肉食ダイエット

肉食系

純粋に肉好きな人のことを「肉食系」と呼ぶこともあるが、一般的には積極的に恋愛を楽しむ人のことをさす。最近は肉食系男子は減少傾向にあり、未婚率を引き上げている要因ともいわれている。

肉食ダイエット

肉食は太る原因と思われているが、タンパク質は健康維持に欠かせない貴重な栄養素のひとつ。脂身の少ない肉と適度な運動で筋肉量を増やし、代謝を上げてダイエットするという方法もある。

肉処理班 ⇩ 煮込み

肉処理班

食が細い人たちと焼肉店に行くと、注文したものが残るケースがある。そのときにメンバーの中で最も食欲がある人が食べきる。それを肉処理班と呼ぶことがある。

肉摂取量

5年に1度、厚生労働省が発表している「日本人の食事摂取基準」において、2015年にコレステロールの摂取基準が項目から外された。代わりに追加されたのが、タンパク質の摂取量だ。成人の場合、男性が1日60g以上、女性は50g以上摂取することが推奨されている。

肉鍋

肉がメイン食材の鍋のこと。ただ、本当に肉だけだと意外と食べ続けられないので、肉を引き立てる野菜や薬味をふんだんに用意したほうが、よりおいしくたくさん肉を食べられる。

肉肉しい

辞書には載っていない言葉。非情に憎らしいという意味の「憎々しい」の「憎」を「肉」に置き換えた言葉だと思われる。味、歯ごたえなどで肉本来の感覚を強く得られる場合に使う人がいる。日本語では、同じ文字を重ねると強調される効果がある。

肉の日

肉好きが見逃せないのが、毎月29日。「肉の日」として、全国のスーパーや食肉店で肉の特売が行われているからだ。これは全国食肉事業協同組合連合会とJA全農が連携して行っている事業。月に1回は安く肉を購入できるチャンスが巡ってくるので、ぜひお忘れなく。

煮込み

牛肉や豚肉などの塊肉は、煮込めば煮込むほどトロトロとやわらかくおいしくなる。ただし、最初に表面をよく焼いてから煮込まないと煮汁に肉の旨みが出てしまい、肉から味が抜けてしまうので要注意。

日式焼肉

韓国の焼肉は豚肉や漬け込んだ肉のイメージが強い。サムギョプサルのように大きめに切った肉を、卓上の鉄板で焼いてからお店の人が切ってくれるスタイル。それに対して、バラエティに富んだ牛肉の部位を食べやすいサイズに切って提供し、客が自分で好きな焼き加減で食べるというのが日本の焼肉スタイル。

日本酒

焼肉に合わせるなら辛口の冷酒がおすすめ。甘めの日本酒だと、焼肉のタレの味と相まってしつこくなってしまうからだ。最近人気の微発泡タイプの日本酒も、スッキリしていて焼肉と好相性。また脂の多い肉には燗酒が合う。

乳牛

乳をしぼるために飼う雌牛のことで、そのほとんどがホルスタイン種。このホルスタイン種は乳牛のみというイメージがあるが、実は食用として広く流通している。「国産牛」と表示されたものに含まれている。和牛ではない。

日本短角種

4種類ある和牛のひとつで、東北地方の肉用種、南部牛にショートホーン種というイギリスの牛を交配したもの。産地は青森、岩手、秋田、北海道など。肉質は赤みが多くやわらかい。

乳酸菌熟成

チーズやヨーグルトなど乳酸菌を付着させて熟成させる方法。熟成の過程で乳酸発酵が行われるため、発酵食品ととらえることもある。

写真:(独)家畜改良センター提供

ニラ

ニラの辛み成分はアリシンといって、ビタミンB1の吸収を助け疲労回復効果もあるといわれている。また独特の風味が食欲を引き出すため、刻んだニラをタレに入れる店もある。

人気
にんき

人気店、人気メニューなど、多くの人から支持されているものには、それなりの価値がある。ただ、「人気が高いもの」＝「価格が高い」というわけではない。人気薄の店やメニューも侮らないように、独自のヒットを探そう。

ニンジン

ニンジンは野菜ジュースのメイン素材として活用されているように、栄養価が豊富な野菜。その甘みと鮮やかな色味で、タレの味と見た目をアップさせるために、すりおろしたニンジンを隠し味として使っている店もある。焼き野菜としても定番。

ニンニク

焼肉にニンニクが欠かせないという人も多い。すりおろしニンニク入りのタレに漬け込んだ肉を焼くほか、ニンニク1株を皮をむかずに丸ごと焼いて食べる人も。ジャガイモのようにホクホクとした食感になる。

濡れタオル
ぬ

焼肉のにおい成分が濡れタオルに付着するという説があり、濡れタオルをぶんぶん回して消臭するという強者も。

寝かせる
ね

塊肉や厚切りにした肉は、焼いてからいったん寝かせることで、旨みが肉全体にまわり味が落ち着く。焼いたら即食べるだけでなく、寝かせてさらなる旨みを引き出す余裕を持ちたい。

ネギ

ネギは生のままみじん切りにしても、肉と一緒に煮たり焼いたりしてもおいしい、肉との相性がよい野菜のひとつ。ぶつ切りにした白ネギを炭火で表面が真っ黒になるまで焼くと、甘くてジューシーなネギが味わえる。

ねぎし

株式会社ねぎしフードサービスが展開する飲食店で、正式な店名は「牛たん とろろ 麦めし ねぎし」。牛タンに、日本古来の食文化である「とろろ」と「麦めし」を合わせ、老若男女問わず人気。タンは数種類あり、さまざまな部位のほか、豚肉、鶏肉も扱う。焼かれた状態で提供される。

ネギ塩ダレ

みじん切りにしたネギをごま油塩で味付けしたタレのこと。レモン汁を加える場合もある。主に牛タンのタレとして利用されているが、カルビやバラ肉のように脂身の多い肉にも合う。

ネギタン塩

主に牛タンの上に、みじん切りにした白ネギや薄切りにした青ネギを肉に乗せて提供する店が多い。また肉とは別に、ごま油と塩胡椒で味付けをした白ネギのみじん切りを別皿でトッピング用に出してくれるお店もある。

ネギ飯

牛タンについてくるネギ塩ダレは、ごはんに乗せて食べてもイケる。焼肉の締めに、タレを白米にかけて食べるのは至福の瞬間だ。体重増加必至の悪魔の飯といわれようとも一度は試してみてほしい。

ネギ落下

ネギタン塩をひっくり返した際に、ネギが網の下に落下する現象。タン塩は肉の片面だけを焼いて食べるのが正解。両面焼きたい場合は、ネギは小皿にいったんはずしておこう。

ネギ ⇩ ネギ落下

ネクタイ

牛

「シキン（P80）」の別名で、牛や豚の食道の部分の肉。切り開いたときの形状が細長く「ネクタイ」に似ている。筋繊維でできているためコリコリとした食感で食べごたえがあり、噛んでいるうちに旨みが出てくる。豚の場合、1頭から1人前しか取れないため希少部位でもある。

ネック

豚

「とんトロ（P114）」の別名。首の一部分で、その範囲は業者やお店によって違う。赤身と脂肪が層を成しており、脂が多いわりに重くないのが特徴。塩胡椒や塩ダレなどで旨みを引き立たせて食べる。

脳みそ

羊肉の部位で、日本ではなじみがないが、中央アジアやフランス、トルコなどではよく食べられている。クセはなく、意外と食べやすい。煮込むと白子のように濃厚な味になる。焼くとプリっとした食感になり、牛の「シビレ（P82）」のような感覚。

乗せすぎ

肉が出てくると、誰がどのタイミングで食べるのか考えずにどんどん網に肉を乗せる人がいるが、嫌われるのでやめたほうがいい。また網に肉を乗せすぎると、肉の脂で炎上するうえ、焼きすぎたり生焼けになったりするので気をつけよう。

能登牛

1995年に誕生した石川県の銘柄牛。血統が明確な黒毛和種で肉質等級はA3またはB3以上。オレイン酸の含有率が高く、サラリとした上品な脂身が特徴。出荷頭数が年間930頭と少ないため、地元に足を運ばないと食べられない希少性の高さも魅力。

喉越し

一般的には飲み物やスープ、麺類などに使われる表現。焼肉にはこうした飲食物が付き物で、口の中をさっぱりリフレッシュさせる効果がある。喉越しのよい酒を飲んで、肉を口に運ぶ、このローテーションは至福そのものだ。

ネクタイ ⇩ 喉越し

「仔牛だけの部位です！」

ノドシビレ

仔牛の胸腺のこと。フランス料理では「リードヴォー」と呼ばれている。ミルキーで鱈の白子のような味わい。単に「シビレ」という場合もあり。

ノドスジ

 牛

牛の食道部分の赤身であることから名付けられた。筋というように繊維質でできていて、噛むたびに濃厚でコクのある味わいを感じられる。もつ鍋や天ぷらなどに使われることもある。「シキン（P80）」の別名。

ノドナンコツ

 豚

「ナンコツ（P118）」の一種。豚肉のノドボトケから気管の部分にある軟骨で、コリコリとした食感を楽しむ部位。裏表に細かく叩くように切れ目を入れてから食べやすい大きさにカットして焼く。焼き加減によっても食感が変わってくるので、ぜひ試してみてほしい。

飲み会

近年は上司が部下を飲み会に誘うと「パワハラ」といわれかねないため職場での飲み会は減ってきている。だが、本来飲み会とはその人の人となりを知る絶好の機会。思い切って参加すると意外な一面を見つけることができる可能性も。その場においしい肉があれば、小さなことはふっ飛ぶだろう。

飲み放題

単独で「飲み放題」のシステムがあるお店、また「食べ放題と飲み放題がセット」になっているお店がある。気をつけたいのが、食べ物と飲み物の両方を大量に摂取できないこと。飲みすぎて目的の肉をあまり食べられなくなる事態は避けたい。また、酔って肉の旨みを感じられないのも残念だ。コントロールするのは自分自身である。

飲むヨーグルト

食前に飲んで胃に粘膜を作り、食べ物の摂取から胃を保護できるといわれることがある。また消化を助けたり、口臭をやわらげたりするために食後に飲むケースも。これらは効果に個人差があり、飲むヨーグルト自体が胃腸に合わない人もいる。焼肉店のドリンクメニューにラインナップされていることもある。

ノドシビレ ⇩ 飲むヨーグルト

肉通！
脂の多いと少ない

「マグロの寿司といえば大トロ」という人もいれば、「脂っこいから赤身が好き」という人もいる。焼肉もこれと同様で、脂を好む人、好まない人に分かれる。

寿司と違うところは、肉は焼くことだ。脂は焼くことで溶け、胃への負担が減る。脂を落として量を調整することもできる。逆に脂の旨みを逃さないためには焼きすぎは厳禁だ。部位によっては赤身と脂のバランスが味の決め手となるものもあり、どの焼き方をするにせよ、経験で養っていくしかない。

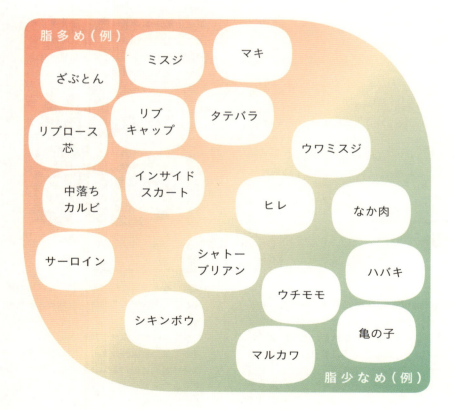

脂多め（例）
- ざぶとん
- ミスジ
- マキ
- リブロース芯
- リブキャップ
- タテバラ
- 中落ちカルビ
- インサイドスカート
- ウワミスジ
- ヒレ
- なか肉
- サーロイン
- シャトーブリアン
- ハバキ
- ウチモモ
- シキンボウ
- マルカワ
- 亀の子

脂少なめ（例）

バークシャー種

豚の品種のひとつで原産はイギリス南部。全身が黒く、鼻と尾、四足の先端6カ所だけ白いのが特徴。そのため「六白黒豚」とも呼ばれる。筋繊維が細くてやわらかい肉質で、赤みが強く精肉に適している。日本では鹿児島県や埼玉県などに多い。

バーベキュー

薪や炭などの弱火で肉や野菜、魚介類などをじっくり焼く料理。長時間かけて丸焼きにした豚をみんなで食べるアメリカ南部の習慣から始まった。焼きながら食べる日本の焼肉に対し、バーベキューは食材を焼き、盛り付けをしてからみんなで食べるという違いがある。

ハイボール

ウイスキーをソーダで割った、カクテルの一種。元々ウイスキーの甘みは肉料理によく合うが、炭酸の持つさわやかさは脂の多い焼肉との相性もよい。語源には昔のアメリカの鉄道で使われていたボール信号の話や、イギリスのゴルフ場の話など、さまざまな説がある。

白米 (はくまい)

焼肉のお供や締めに欠かせない一品で、タレを絡めたジューシーな肉とホカホカの白米は相性抜群。残ったタレをごはんにかけるパターンや、サンチュに肉とごはんを乗せて巻く食べ方も定番化している。「米推し」の焼肉店があるほど、白米の存在価値は高い。

ハゴイタ

牛

牛の肩甲骨の内側部分にある肉のことで、羽子板のような形をしていることからその名が付いた。「ミスジ（P158）」の別名としても知られる。一頭から取れる量が少ない希少部位で、赤身でありながらきめの細かなサシが入り、とろけるような食感と上品な旨みを持つ。

馬刺し (ばさし)

馬肉を刺身にしたもの。馬肉食が本格的に広まったのは大正時代以降で、特に熊本、長野、青森などでその食文化が広まったとされる。現在の日本では高度な技術を持つ生食用加工施設で冷凍処理を施し、厳しい衛生基準をクリアした馬肉だけが生食を許されている。

バークシャー種 ⇩ 馬刺し

挟む

サンチュに肉や野菜、ごはんなどを挟むサムギョプサルが有名だが、ごはんに肉を挟んだライスバーガーや、パンに挟んだハンバーガーなど、肉は何かに挟まれてもその魅力を発揮する。

ハチノス

牛

DATA	希少度	★★☆☆☆
	価　格	★★☆☆☆
	かたさ	★★★☆☆
	脂	★★☆☆☆

🔥 ミディアムレア
🍶 甘口ダレ／塩ダレ／辛子醤油

牛の第二胃のことで、蜂の巣に似た外見が名前の由来。4つある牛の胃の中では最も味がよいとされ、あっさりとしていて食べやすい。また、独特の歯ごたえがあり、噛むとじんわり味がにじみ出てくる。焼肉店ではほとんどの場合が下処理の段階でゆでられている。

白金豚（はっきんとん）

岩手県の銘柄豚で飼育配合から出荷まで一貫体制で生産されており、やわらかくてまろやかな肉質とクリーミーな脂身が特徴。「プラチナポーク」とも呼ばれるレストラン専用肉で、原則として小売店での販売や内臓肉の販売は行われていない。宮沢賢治の秀作「フランドン農学校の豚」の一文が名称の由来になっている。

ハツ

牛

DATA	希少度	★★☆☆☆
	価　格	★★☆☆☆
	かたさ	★★★☆☆
	脂	★★☆☆☆

🔥 レア
🍶 塩ダレ／塩胡椒／バター醤油

豚

DATA	希少度	★★☆☆☆
	価　格	★☆☆☆☆
	かたさ	★★★☆☆
	脂	★★☆☆☆

🔥 ミディアムレア
🍶 塩ダレ／甘口ダレ／辛口ダレ

心臓のこと。くさみのない淡泊な味わいが特徴だが、赤身のまわりに付いている脂にはコクがある。筋繊維が細かいためサクサクと噛み切れ、場所によってはコリコリとした歯触りが楽しめる。

ハツアブラ

牛の心臓（ハツ）に白い脂の層がしっかり付いたものをさす。脂のしつこさは少なく、まろやかなコクがあり、食べごたえは十分。火を通すと脂の甘みが感じられ、口の中でとろけるような食感が楽しめる。

Interview 〉〉〉インタビュー

Q.1. 食べ物で一番好きなのは、やはり焼肉でしょうか？

　肉マイスターという肩書で活動しておきながら、実は野菜好きです。パクチーやミントといったハーブ類、ネギ、ショウガ、わさびなど、いわゆる薬味とされるものも好物。肉をよく食べるから体がこれらを求めているのかもしれません。焼肉でも野菜や薬味は欠かせません。栄養面はもちろんですが、食感、温度、香りなどの変化があってこそ、それぞれの食材がおいしく感じられると思います。

Q.2. 焼肉の魅力を深く感じるようになったのはいつごろですか？

　音楽の業界で仕事を始めた22歳のころ、仲のよかった整体の先生に渋谷の宮下公園にあった屋台の焼肉店に連れていってもらいました。ここではじめてハラミに出会います。普段食べている焼肉にはない部位で、そこで肉の世界の広さを感じました。その後、「渋谷焼肉ゆうじ」のオーナーにも焼き方や部位の特性など焼肉の奥深さを教わりました。目の前で肉がおいしそうに焼けるのを見るだけで、焼肉はエンターテイメントな食事。暖炉効果といって「火」は見るものをリラックスさせ、会話が弾む。また、肉に至福物質がありハッピーになれる。これらは焼肉だけの魅力です。

Q.3. 焼肉の仕事に取り組まれたのはいつごろですか？ その経緯は？

　実は、本業は音楽プロデューサーをしていまして、一応（笑）。あとラジオパーソナリティなどのしゃべりの仕事も。今でこそきちんとその肩書で仕事をいただけていますが、若い時分、仕事がないときにお世話になっていた放送作家さんに「なんかいい仕事ないですかー？」なんて聞いてしまって。「これという武器がないのにいいバイトないですか？ みたいななめた口をきくな！」と一喝されまして、まさに納得。それからしばらくして自分の武器、人に負けないところはなんだ？ と考えふと気づいたのは、自他ともに認める「肉オタク」だったこと。それ以来、ラジオ番組で肉について話すコーナーや本の監修をしたことがきっかけで肉マイスターの道を歩み始めました。

Q4. 焼肉とは日本の食文化でどのような存在ですか？

現代における焼肉の起源は、明治時代に朝鮮半島から伝わり、戦後になって在日コリアンの方々が本国の焼肉とはまた違う独自進化をさせて発展してきたもの。昔は労働者の方や仕事帰りのお父さんのためのメニューでしたが、和牛のブランド化、輸入牛の台頭、提供するお店の環境変化、気軽に家でもできるようになったこともあり、今では女性も子どもも大好きな国民食ともいえる存在に成長。家族の団らんから決起大会、最近では和牛を食べたいインバウンド客需要などもあり、さらに盛り上がっています。

Q5. 家焼肉やバーベキューで素人が焼肉の質を高めるには？

焼肉店は肉の特性を引き出すプロです。同じことを家庭やバーベキューでするのは難しいでしょう。とはいえ、焼肉に決まったルールはなく、好みを重視しても問題ありません。ただし、そのためには基礎知識はほしいですね。"焼肉奉行"という言葉がありますが、多くは立場的に焼肉を振る舞う役まわりになっているだけで、知識はそこまでない。そこで私は"焼肉将軍"の育成を目指し、「焼肉コンシェルジュ検定」を作りました。焼肉と正しく向き合うことは、牛や豚への敬意ですから。

Q6. 好きな部位はありますか？好きな理由も教えてください。

そのときどきで注文するものは変わりますが、「シンシン（p90）」は昔から好きな部位ですね。赤身と脂のバランスがよく、第二のヒレともいわれています。他にはザクッとした繊維質を感じられる「そともも※」。塊で焼くと違った魅力があります。また、「ハツ（p128）」は究極の赤身だと思いますね。心臓は常に動いている部位なので筋肉が発達し、そのまわりにある脂は最も上質だと思います。薄切りの場合は霜降りにする、というように部位の特性を知れば楽しみ方は広がります。黒毛和種は霜降りというイメージがありますが、私はそれより脂がほどよく乗った赤身が好きですね。

※「そともも」は、「シキンボウ（p81）」、「センボン（p94）」、「なか肉（p116）」、「ハバキ（p137）」のこと。

Memory ≫≫≫あの店、この店

○○の味には感動した！

渋谷の宮下公園で営業していた屋台焼肉のハラミは忘れられません。もともとハラミは内臓であまり知られていませんでしたが、今では人気部位で価格もお高め。そのときに食べたミノや骨髄の刺身も衝撃的で、焼肉の世界を広げられました。

焼肉を食べるペースは○○

毎日行くようなときもあれば、2カ月くらいご無沙汰な時期も。でもやっぱりタレにこだわりというかアイデンティティがある店や、店主の方のイズムが感じられる店に通っちゃいます。話題の店をスタンプラリー的に行く食べ方は、私は苦手なので。

肉以外のメニューは○○が欠かせない

野菜が好きなのでサラダ、キムチ、ナムルを合わせます。特に「ごはん」はご褒美的な存在で、私は「ヨネ」と呼んでいます。タレ焼肉のとき、肉をバウンドさせたり、巻いたりして食べるのが至福。酒も肉の部位や質に合わせて考えます。

いいお店とは○○

最初にカルビを注文し、店の質を見極める方法は有名でしょう。コスパがよい部位なのでこれにこだわっているとお店の質の高さを感じます。また、冷蔵肉を出すお店がおすすめ。カットした断面がきれいだと冷凍肉の可能性があります。

理想の食べ方は○○

網の上でいかに肉を管理できるかが肝心。よく表○秒、裏○秒という焼き方を耳にしますが、これは間違い。火の温度、脂の量、カットした厚さなどお店によって違いますから。肉汁を閉じ込めるのが一番で、それには知識と経験が求められます。

タレ焼肉はクラシカルな食べ方

　塩で素材の旨みを引き出す、塩ダレでさっぱりいただく、わさび醤油で風味を効かす、といったさまざまな食べ方がありますが、焼肉の原点はタレ焼肉。今、その魅力が再びクローズアップされています。
　焼肉は、上質な肉でなくてもおいしく食べようと考えられた料理で、それを引き出すのがもみダレ。お店独自のタレを肉にもみ込むことで、肉質がやわらかくなるとともに、タレの旨みが肉に浸透します。この段階でよだれが垂れそうな見た目になり、タレの香りが食欲をそそります。テーブルに運ばれた時点が焼肉のイントロダクションなのです。よっていい店は肉にあまえず、タレにこだわるわけです。もみ込まれた肉は、香りを漂わせながら、ジュージューという音とともに肉汁をあらわします。このタレ焼肉こそ、焼肉のクラシカルな形態なのです。ごはんとの相性はいうまでもないでしょう。
　歌手の魅力を引き立てるために、楽曲、演奏、衣装、舞台演出などがあるように、肉というアーティストを引き立たせる一番の脇役がタレであり、炭火（火の源）や薬味、つけダレ、ごはん、サイドメニューなどがさらに肉の魅力を演出するわけです。

タレで肉をもみ込む。部位によっては手の温度で脂がほどよく溶ける。

ネギと一緒に焼くスタイルも定番。この段階で目と鼻で味わえる。

恋人を守るように目を離さない。肉汁が焼き上がりのサイン。

How to eat ≫≫≫この食べ方がうまい

① 肉を休ませる！

1cmくらいの厚切り肉は、両面から均等に熱を入れるのがポイント。そのため何度かひっくり返してもOK。焼き上がったら少しの時間皿の上で置いておく。余熱で肉全体に肉汁を行き渡らせることで、旨みが増すとともにジューシーになる。

断面の色がグラデーションになって、肉汁がこぼれていない（左側）。

② 薄切りは巻いて食べる

大きな薄切り肉は、焼き上がったらくるくる巻いて口に運ぶ。こうすることで肉汁を逃がさず味わえる。タレ焼肉でネギが付いている場合は、ネギを肉で巻いて食べるとよい。焼肉はいかに肉汁を閉じ込めるかが勝負だ。

小さな薄切り肉は、折り畳んで食べるとよい。

③ 片面焼きは肉汁がサイン

薄切り肉を片面だけ焼いて食べる場合、表面に肉汁が滲み出てきたら焼き上がりのサインだ。熱はしっかり通っている。ただし、冷凍肉の場合は細胞が壊れているため、水分が早く出てしまうので惑わされないようにしよう。

トングで肉を持ち上げ、網面の肉の焼き具合を確認すること。

田辺晋太郎の 肉と向き合う礼儀

一. どんな肉でも命の欠片であることを肝に銘じる

二. 網には自身の技術で管理できるだけの量を乗せる

三. 大切な人を守るように、肉から目を離さない

四. 肉の特性を活かす焼き方と食べ方をする

五. 基礎を身につけたら、好みを重視して楽しむ

Restaurant

>>>> お店あっての満足

高級素材を集めることだけが、焼肉店の役割ではない。焼肉は料理である。その日に入荷した肉の霜降り状態、きめ、筋の入り方といったコンディションを見極め、旨みを引き出すカットをする。またタレでもみ込み、旨みを引き立たせる。さらには炭火などの温度調整、薬味などといった、お客がベストな環境で焼ける状態を準備するのが、いい焼肉店である。「赤身とホルモン焼 のんき」では、"最高のおもてなし"をコンセプトに、さまざまな部位の特性を活かす焼肉を提供している。カウンター席でスタッフからアドバイスをもらいながら焼くのもよし、テーブル席で会話をはずませながら肉の旨みにうなるのもよし。肉に精通していない人は、店長厳選の黒毛和種とホルモンのおすすめコースを注文するとよいだろう。「たれ焼肉専門店」もオープン予定だ。

厳選された肉、それを活かすための環境づくり、七輪と肉を前にすれば、すべてのお客は平等に、焼肉を堪能できる。

協力店：
赤身とホルモン焼 のんき
住所　東京都新宿区舟町12 ミルポレー四谷1F
https://tabelog.com/tokyo/A1309/A130903/13195840/

136

ハツモト

DATA	希少度	★★★☆☆
	価格	★★☆☆☆
	かたさ	★★★★★
	脂	★★☆☆☆

🔥 ミディアム

🥢 塩ダレ／醤油ダレ／味噌ダレ

牛の大動脈のうち、心臓から30〜40cmの一番太い部分をさす。一頭から取れる量は少ないものの、ホルモン専門店などでは置いていることがある。そのままではかたくて食べにくいが、火を通すとコリコリした食感に。くさみがないためホルモン初心者も楽しめる。

馬肉
（ばにく）

食用の馬の肉で「桜肉（さくらにく）」の別名を持つ。さくら鍋や馬刺しが有名だが、焼肉用としても人気がある。他の食肉に比べて筋繊維が太く赤みが強い。また、脂肪分が少なくタンパク質とグリコーゲンに富むため、ヘルシーな食肉として注目を集めている。

ハネシタ

肩ロースのあばら骨側にある肉のことで、部位の形状が四角いことから「ざぶとん（P76）」とも呼ばれる。肉厚でやわらかく、サシがまんべんなく入っているため、特上カルビとして扱う店もある。薄切りにすることが多いが、少し厚切りにすればコクのある風味が増す。

ハバキ

DATA	希少度	★★★☆☆
	価格	★★★☆☆
	かたさ	★★★☆☆
	脂	★★☆☆☆

🔥 レア

🥢 醤油／塩胡椒／塩ダレ

牛の外ももにある3つの部位のうち、大腿骨と脛骨の関節を覆っている部分。舌触りがやわらかく、赤身の旨みが強いことから焼肉ではしっかりとしたコクが楽しめる。薄切りがおすすめだが火を通しすぎるとすぐにかたくなってしまうため、やわらかいうちに味わいたい。

ハム

豚肉を塩水に漬け、燻製にした加工食品。本来は骨付きのもも肉を使用するが、部位や製法の違いによりさまざまな種類に分けられる。もも肉を使ったボンレスハムや、肩肉を使用したショルダーハムなど。自家製の生ハムを提供する焼肉店もある。

葉物
（はもの）

主に葉を食用とする野菜。焼肉ではキャベツやサンチュ、エゴマの葉、サラダ菜など、葉物は肉を支える脇役として活躍。栄養面での効果はいうまでもないが、味や食感の変化が、次なる肉の旨みをアシストする。

ハツモト ⇩ 葉物

林SPF
はやしエスピーエフ

SPF（Specific Pathogen Free＝特定病原菌不在）種豚を両親に持つ千葉県産の肉豚。徹底した衛生管理下で肥育されるためストレスがなく、抗生物質も少ない状態で育つ。また、良質な専用飼料を与えられていることから肉質がやわらかく、豚肉特有のくさみもない。

ハラミ

牛	DATA	希少度	★★★★★
		価　格	★★★★☆
		かたさ	★★☆☆☆
		脂	★★★★☆

🔥レア
●塩胡椒／醤油／塩ダレ

豚	DATA	希少度	★★★☆☆
		価　格	★★☆☆☆
		かたさ	★★☆☆☆
		脂	★★★☆☆

🔥ミディアムレア
●塩胡椒／味噌ダレ／塩ダレ

横隔膜を動かす筋肉性の膜のこと。牛のハラミはメジャーな部位のひとつだが、豚や羊のものも人気がある。肉質はやわらかく、適度な脂肪を含み、肉の旨みを強く感じることができる。肉汁があふれるジューシーさが特徴ながら、カルビよりも低カロリー。

牛

豚

ハンバーグ

牛のひき肉に炒めたタマネギ、パン粉、卵、調味料などを混ぜ、楕円形にしてフライパンで焼いた料理。正式には「ハンバーグステーキ」。焼肉店では上質な牛肉が常にたくさん手に入ることから、素材を売りにした自家製ハンバーグを提供するところも少なくない。

ハンプシャー種
しゅ

イギリスのハンプシャー地方から輸入した豚を元にアメリカで改良が加えられた品種。体は黒毛で、肩から前足にかけては10～30cmの帯状の白斑がある。アメリカではメジャーな品種で、肉質は皮下脂肪が薄く、筋肉量が多いため赤身の部位やロースに適している。

BSE
ビーエスイー

Bovine Spongiform Encephalopathyの略で、牛海綿状脳症のこと。病原体であるBSEプリオンに感染した牛は脳がスポンジ状になり、神経障害などを起こして死に至る。日本では2000年代初頭に発生し、牛肉の輸入制限や牛肉離れなどが起こった。

BFS
ビーエフエス

牛枝肉取引規格のうち、肉質等級を決める項目のひとつ「脂肪の色沢と質」を評価する基準。「ビーフ・ファット・スタンダード」の略。カラーチャートで示しており、クリーム色を基準に白に近ければよく、濃ければ悪いとされる。7段階評価でNo.1〜4が最良。

※イラストの色は目安。

BMS
ビーエムエス

肉質等級を決める項目のひとつ「脂肪交雑」を評価するための基準のこと。「ビーフ・マーブリング・スタンダード」の略。赤身の肉にどれだけサシ（霜降り）が入っているかを示したもので、12段階で評価される。等級が1の場合はNo.1となり、No.12が最良となる。

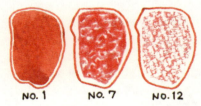
※イラストの色は目安。

BCS
ビーシーエス

肉質等級を決める項目のひとつ「肉の色沢」を評価するための基準のこと。「ビーフ・カラー・スタンダード」の略。肉の色と光沢の複合判定となり、肉色はカラーチャートで示しているが、光沢は肉眼で判定して等級が決定される。7段階評価でNo.3〜5が最良。

※イラストの色は目安。

Pトロ
ピー

豚

豚の首まわりの肉。マグロのトロのように脂肪が多く、とろけるような食感が楽しめることから「とんトロ（P114）」とも呼ばれる。肉質はざっくりとした歯ごたえで、味は意外とさっぱり。農林水産省が定める「食肉小売品質基準」では、もつ（内臓肉）に分類される。

ビール

主に麦芽をビール酵母で発酵させて造るアルコール飲料の一種。日本ではよく冷やし、コップやジョッキに注いで飲むのが一般的で、夏場は特によく飲まれる。炭酸を含んだビールは口の中をリフレッシュしてくれるため、脂の多い焼肉にピッタリの飲み物といえる。

ビールケース

複数のビールケースを並べた上に板を置いてテーブルにしたり、ビールケースそのままを椅子にしたりする居酒屋があるが、このスタイルの焼肉店もある。焼肉店が作り上げる雰囲気は、最新の機器やインテリアだけではない。

ビアガーデン

ビルの屋上や庭園などに多数のテーブルを置き、主にビールを提供する酒場。多くの場合、夏期に限定して開設される。開放的なスペースでバーベキューや焼肉を行う店もあり、夏の風物詩として親しまれている。日本では「ビヤガーデン」と表記する場合もある。

ビアガーデン ⇩ 飛騨地鶏

火起こし器(ひおこしき)

炭火を起こすための道具で、ステンレスやアルミでできた筒状のものが多い。本体に着火剤を入れ、火をつけて炭をセットすると煙突効果で炭が真っ赤に燃え上がる。屋外での焼肉やバーベキューのほか、焚き火やキャンプファイヤーなどの火起こしにも使われる。

ヒザナンコツ

 鶏

鶏の膝部分の軟骨で、唐揚げ用としても有名。「げんこつ」とも呼ばれる。歯ごたえのあるゴリゴリとした食感が特徴で、コクがあり、鶏の脂の旨みも兼ね備える。ツルツルした骨の部分はしっかり火を通す必要があるが、脂が落ちて火が上がりやすいので要注意。

飛騨牛(ひだぎゅう)

飼養期間の最長場所が岐阜県であり、飛騨牛銘柄推進協議会認定登録農家により、14ヵ月以上岐阜県内で肥育された黒毛和種の肉牛で、肉質等級5〜3等級に格付けされたもの。平成14年の全国和牛能力共進会で日本一を獲得したことからその知名度は全国区となった。肉質はきめ細やかでやわらかく、美しい霜降りが特徴。口の中でとろける芳醇な香りと味わいが魅力だ。

画像：飛騨牛銘柄推進協議会提供

飛騨地鶏(ひだじどり)

大型の黒軍鶏と名古屋コーチンを交配して生まれたブランド鶏。豊かな自然の中で奥飛騨の清涼な水を与えられながら約100日間、手間暇をかけ丹念に育てられている。その赤みを帯びた肉は適度な弾力があり、歯切れのよい食感と独特の風味が楽しめる。

常陸牛
<small>ひたちぎゅう</small>

茨城県産黒毛和種の銘柄牛。食肉取引規格の歩留等級B以上、肉質等級4以上など基準を満たしたものだけが認定される。リブロースやサーロインなどは赤身にほどよく脂肪の入ったやわらかい霜降りで、肩ロースやももは焼肉に向いている。

火バサミ
<small>ひ</small>

ゴミ拾いなどに使用する金属製の長いトングのこと。食材をつかむためのトングとは似て非なるもので、焼肉やバーベキューの際は主に炭を動かす目的で使用する。火に触れるためステンレスなどの丈夫な素材で作られており、先端がギザギザになっているものが多い。

ビビンバ

ごはんの上に数種類のナムルや炒めた牛肉、卵などの具を乗せた朝鮮料理。コチュジャンなどの調味料を加え、よく混ぜてから食べる。「ビビンバ」「ピビンパ」「ピビムパプ」など呼び方が複数あり、日本の焼肉店ではごはんものの定番メニューとして親しまれている。

ビビン麺
<small>めん</small>

牛からとった冷たいスープとコチュジャンで食べる韓国風冷麺。「ビビン」は韓国語で「混ぜる」という意味があり、コシの強い麺に甘辛のタレを絡め、キムチや鶏のささ身、きゅうり、ゆで卵などの具材を混ぜるのが特徴。焼肉の締めのメニューとしても人気がある。

ひとり焼肉
<small>やきにく</small>

ふたり以上で訪れるのが一般的とされている焼肉店にひとりで行くこと。ファストフードの店やラーメン屋と違って難易度が高いとされてきたが、最近では少量から肉をオーダーできる店や、ひとり焼肉専門店なども登場し、そのハードルは下がってきているといえる。

常陸牛 ⇨ ビビン麺

ピーマン

実はナス科で唐辛子の仲間だが辛みはない。緑ピーマンは未熟果で、完熟させると赤ピーマンになる。ビタミンA・C・Eを多く含み、加熱調理しても栄養価が消失しにくく、栄養バランスの面でも焼肉に欠かせない。しっかり焼くとジューシーで歯ごたえがある。

冷奴(ひややっこ)

よく冷やした豆腐に鰹節やネギ、ショウガなどを添え、醤油をかけて食べる。酒の肴や夏向きの料理として食べられることが多い。焼肉店ではサイドメニューとして用意されていることも多く、キムチを乗せたものやピリ辛のタレをかけて食べる韓国風冷奴もある。

平田牧場三元豚(ひらたぼくじょうさんげんとん)

肉質を重視した系統選抜を行い、三つの品種を掛け合わせた三元交配豚。筋繊維の面積が少ないため肉質はきめ細やかでやわらかな一方、心地よい歯ごたえもあわせ持つ。上質な脂肪は真っ白で甘くジューシー。口の中でべたつかず、舌先でさらりと溶ける。

画像：株式会社平田牧場提供

ヒレ

牛	DATA	希少度	★★★★☆
		価格	★★★★★
		かたさ	★☆☆☆☆
		脂	★★☆☆☆

🔥 レア
🍶 塩胡椒／醤油／甘口ダレ

豚	DATA	希少度	★★★☆☆
		価格	★★★☆☆
		かたさ	★☆☆☆☆
		脂	★★☆☆☆

🔥 ミディアム
🍶 塩ダレ／醤油／甘口ダレ

腰椎に沿った細長い部位。ほとんど動かさない筋肉のため、肉質はきめが細かくやわらかい。牛肉の中では最もやわらかく、豚肉や馬肉の中では最も良質とされている。脂肪が少なくヘルシーで、女性からの人気も高い。あまり火を通さないほうがヒレ本来の味を楽しめる。

品種(ひんしゅ)

家畜などに人為的な操作を加えて作った子孫のうち、その特徴が遺伝的に保たれ、同一の単位として分類される個体群のこと。例えば肉用牛は肉専用種、交雑種、乳用種に分けられるが、肉専用種は食用肉の生産を目的に改良された、肉専用の品種のことをさす。

極める

焼肉デート

肉を焼きながらの食事はコミュニケーションを深めるのに最適。至福感が増えるともいわれている焼肉は、"気づかい"で成り立つ。

> 赤身と脂のバランスが一番よいとされているのが、このカイノミなんだ。

> 脂っこいのは苦手だから、脂はしっかり落としてほしいわ。

> 大丈夫。カイノミの脂はしつこくないから、表面をカリッと焼いて脂を閉じ込めるね。

> 本当だ！　肉質がとてもやわらかくて、もう口の中でとろけたわ。

> ミディアムレアに焼いたからね。赤ワインとの相性もいいんだよ。

> 本当だ。ワインと焼肉の組み合わせなんて考えもしなかったわ。肉にもお酒にも酔っちゃいそう。

NGパターン① 肉のチョイスが偏っている
部位が近い肉ばかりだと傾向が似ていて変化を感じられない。メニュー選びに困ったら店員に聞くべし。

NGパターン② 焼き方・食べ方を強要
肉質の魅力を感じることが一番だが、好みも考慮すること。また焼肉は食べるだけでなく、焼くことも楽しみだ。

NGパターン③ サイドメニューを軽視している
女性は栄養や健康バランスも気にする。野菜やスープ、一品料理なども注文したい。それが口の中の変化にもなる。

NGパターン④ 酔っぱらう
焼肉はビール、日本酒、ワイン、焼酎など酒との相性も抜群だが、酔っぱらっては、焼くことへの注意も散漫になる。

備長炭
びんちょうたん

ウバメガシを材料として作られる良質の白炭。紀州・土佐・日向などが有名で、紀州備長炭の製炭技術は和歌山県の無形文化財に指定されている。火力が強くて炎が出ず、灰や煙も少ないため調理に向いており、上質な肉を焼くために備長炭にこだわる焼肉店も多い。

副生物
ふくせいぶつ

食肉においては牛、豚、鶏などの生体から枝肉を生産したあとに残る副産物のことで、「畜産副生物」という。原皮を除いた内臓・骨・脂肪・血液などをさし、食用と非食用に分類される。食用のものは「ホルモン」「もつ」「バラエティーミート」などと呼ばれる。

富士幻豚
ふじげんとん

静岡県産の銘柄豚で、中ヨークシャーという世界的な希少品種をベースに作られている。筋繊維が非常に細かく、そのやわらかさは最もかたいもも肉がステーキとして食べられるほど。また、豚本来の肉の旨みと香りがあり、高級和牛のようなしっとりとした脂肪を持つ。

豚キムチ
ぶた

豚肉と白菜キムチを一緒に炒めた料理。家庭では焼肉のタレが使われるケースも多い。良質な豚肉が手に入る焼肉店では人気のサイドメニューになっているところも。また、ごはんとの相性がよいことからランチメニューや豚キムチ丼として提供する飲食店もある。

豚丼
ぶたどん

焼いた豚肉を白飯に乗せて、タレをかけた丼。牛丼チェーン店でも定番メニューになってきているが、焼肉店で提供するところもあり、肉とタレにこだわったオリジナル豚丼は絶品。肉と白飯の相性のよさを改めて感じさせられる。

豚バラ
ぶた

豚	DATA	希少度	★★☆☆☆
		価　格	★★☆☆☆
		かたさ	★★☆☆☆
		脂	★★★★☆

🔥 ミディアムレア
🍶 甘口ダレ／塩ダレ／塩胡椒

豚のあばら骨まわりの肉で、腹側のものをさす。赤身と脂肪が交互に層をなしているのが特徴。骨付きの厚切りのものはスペアリブと呼ばれる。肉質はやわらかく、濃厚なコクと香りを持つ。焼肉では表面をカリッと焼くと香ばしく、中のジューシーな食感とともに楽しめる。

豚焼肉
ぶたやきにく

日本で焼肉といえば牛肉が一般的だが、最近はヘルシーでコスパの高い豚肉が注目を集めており、豚焼肉専門店なども増えてきている。焼肉の本場・韓国でも豚肉の人気は高く、サムギョプサル（豚バラ肉）や豚カルビはポピュラーなメニューとして定着している。

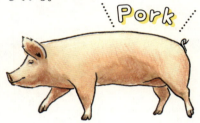

歩留まり等級
ぶどまりとうきゅう

1頭の牛から取れる肉の割合を表すもので、牛肉の枝肉をさらに部分肉に加工した場合の優劣を判断する。等級はA・B・Cの3段階に区分され、Aは基準値72以上で最良。基準値はロース断面積、ばらの厚さ、皮下脂肪の厚さ、冷と体重の4項目で計算される。

フライパン

家庭でフライパンを使って焼肉をする際は肉を常温で準備し、焦げ目と肉汁に注意しながら強火で焼くといい。また、くさみや焦げつきを防ぐために脂はこまめに拭き取り、場合によってはアルミホイルを敷く。油が飛び散らないよう深めのものを使用するのもポイント。

ブランド

他と区別できる特徴を持った商品。銘柄。牛肉や豚肉、鶏肉にも多くのブランドが存在し、生産者団体が任意に品種・生産地・飼育法など一定の基準を設けて認定している。地名がブランド名になるケースが多く、神戸ビーフやスペインのイベリコ豚は世界的にも有名。

ブリスケ

DATA	希少度	★★★★☆
	価　格	★★★☆☆
	かたさ	★★★★☆
	脂	★★★★☆

🔥 ミディアムレア

⚫ 塩ダレ／わさび醬油／甘口ダレ

牛の前足付け根の間にあたる部位。肩バラ肉の一部で、呼吸するたびに動く部分であるため、肉質はかため。赤身と脂は半々ぐらいだが、カット次第で赤身だけにすることも可能で、ブリスケの出し方で店の技術力や姿勢がわかるともいわれている。

プルコギ

朝鮮半島の代表的な肉料理のひとつ。タレに漬け込んだ薄切りの牛肉を野菜や春雨と一緒に鉄鍋や鉄板で焼く。韓国語でプルは「火」、コギには「肉」という意味があるが、焼肉というよりも日本のすき焼きに近い。また、地域や店、家庭によって調理方法は異なる。

ブルー

肉の焼き加減のひとつで、数秒焼いた程度のもの。ほとんど火が通っていない状態で、10段階に分けられる焼き加減の中では2番目に数えられる。なお、3番目のブルーレア（blue rare）はブルーよりもやや火を通した状態のことをさす。

ブルーベリーソース

スウェーデン料理のミートボールをブルーベリーソースと一緒に食べることがある。焼肉のタレにリンゴやバナナなどの果物を入れるように、肉と果物のマッチングはよい。

ブルトン

馬の品種のひとつで、フランス・ブルターニュ地方原産。がっしりとした体格の大型馬で筋肉がよく発達しており、主に馬車馬や農耕馬として用いられる。食用馬としても知られ、アラブ、プルシュロンと掛け合わせたペルプルジャンは最高の肉質を持つとされる。

ブロック肉

スライスしていない塊の状態の肉。好きな厚み・大きさにカットできるため、焼肉やステーキ、ローストビーフやバーベキューなどに使われる。量が多く、加工されていないため割安で購入できるが、高級牛肉や大型のものは専門店でしか手に入らないことも。

フワ

牛	DATA	希少度	★★★★☆
		価格	★★☆☆☆
		かたさ	★★☆☆☆
		脂	★★☆☆☆

🔥 ミディアム
● 塩ダレ／醤油ダレ／味噌ダレ

豚	DATA	希少度	★★☆☆☆
		価格	★☆☆☆☆
		かたさ	★★☆☆☆
		脂	★☆☆☆☆

🔥 ウェルダン
● 甘口ダレ／塩ダレ／味噌ダレ

ホルモン系の部位で肺のこと。弾力のあるやわらかさが特徴で、マシュマロのようにふわふわしていることから名付けられた。牛、豚ともに味は淡泊。ムニュっとしてなかなか噛み切れない不思議な食感を楽しみたい。

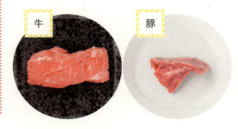

米国産牛肉

アメリカ合衆国を原産地とする牛肉、またはアメリカ合衆国で加工された牛肉。穀物飼料で育てられた牛が約80％を占め、その肉質は赤身で脂分が多いとされる。日本においては1991年に輸入が自由化され、焼肉店では牛タン、ハラミ、カルビなどが多く使われている。

ヘッド（牛脂）

牛の脂肪からとった料理用のあぶら。牛脂。ドイツ語の「Fett（獣脂）」から転訛したとされる。白い石鹸状のもので、ラードよりも融点が高く、ステーキやカツレツを調理するときに使うと独特の風味が生まれるが、焼肉店では主に鉄板の焦げつき防止のために用いる。

ベランダ

洗濯物を干すだけでなく、家庭菜園などベランダは半野外として有効なスペース。ここでバーベキューをする人もいるが、マンションで禁止になっていたり、近隣に迷惑がかかったりするので注意すること。

ベリーウェルダン

肉の焼き加減のひとつ。10段階に分けられるステーキの焼き加減のうち最高位にあたる。中までよく火の通った「ウェルダン」よりもさらに焼いている状態で、肉の中心温度は82度前後。完全に火を通し、赤身も肉汁もまったくない状態にした焼き加減とされている。

ペルシュロン

重種（大型馬）・冷血種に分類される馬の品種のひとつで、短い足と太い胴が特徴。体重は1トンとサラブレッドの倍ほどにもなる。食用馬としても知られ、ボリュームのある霜降りの厚いバラ肉は馬刺し用として好まれる。原産地はフランス・ノルマンディー地方。

ホイル焼き

肉や野菜、魚介類などの材料をアルミホイルで包み、オーブンや金網などで蒸し焼きにする料理。銀紙焼きともいう。食材の旨みや水分を逃がさず、手軽に調理できるため、家庭やバーベキューなどでも使われる。焼肉店ではニンニクを丸ごと包んだものなどが人気。

包丁
ほうちょう

焼肉の味は肉の切り方で大きく左右されるため、繊細なカットの技術を支える包丁は重要な役割を担っている。牛も豚も鶏も一頭一頭個性が違うため、肉質や脂の乗り、繊維の入り方を見極めながら用途に応じて使い分けるなど、包丁にこだわる職人は少なくない。

ホエー豚
ぶた

北海道産の銘柄豚。チーズ作りの過程で出る副産物・ホエー（乳清）を飼料とするなど、基準に沿って育てられた豚だけが認定される。ホエーには生きた乳酸菌やビタミン、ミネラルなど多くの栄養分が含まれているため、口当たりがよくジューシーな肉質になる。

牧草牛
ぼくそうぎゅう

自然環境のもとで放牧され、牧草だけを食べて育った牛。赤身が多く脂肪が黄色いのが特徴で、鉄分やオメガ3脂肪酸を豊富に含む。しっかりとした歯ごたえがあり、低脂肪・低カロリーでありながら肉本来の旨みが味わえる。ニュージーランド産のものが特に有名。

ポークソテー

厚めに切った豚肉を塩胡椒で調味し、バターや油などで両面を焼いた料理。表面に香ばしい焼き目があり、中がジューシーでやわらかいものがおいしい。肉が反ったり丸まったりしないように、赤身と脂身の中間部分を事前に筋切りしておくのがうまく焼くコツ。

ホーデン

豚

DATA｜希少度｜★★★★☆
　　｜価　格｜★★☆☆☆
　　｜かたさ｜★★★☆☆
　　｜脂　　｜★★☆☆☆

🔥ミディアムレア
🍶甘口ダレ／辛口ダレ／塩ダレ

豚の睾丸のこと。冬瓜のような楕円形で、重さはひとつあたり100〜300gになる。脂肪がほとんどなく、肉質はやわらか。歯切れのいい食感で、心地よく噛み切ることができる。常にストックしている店は多くはなく、マニアックな希少部位のひとつといえる。

ホソ

牛

「丸腸（P156）」の別名。牛の小腸を筒のまま裏返しにし、厚みのある脂肪を内側に閉じ込めている。ひと口サイズにカットされており、焼くことで外側にある腸壁が縮み、中の脂がぎゅっと詰まる。コラーゲンが豊富に含まれているため女性からの人気も高い。

ホタテ

広く食用にされる二枚貝で、正式にはホタテガイ（帆立貝）という。タウリンやビタミンB₂、鉄、亜鉛を豊富に含み、冬から春にかけて旬を迎える。肉厚で淡泊な味わいと磯の香りは脂っこい焼肉が続いた後の口直しにも最適。網で焼く際は焼きすぎに注意したい。

ぼたん鍋(なべ)

猪の肉を野菜や豆腐などと一緒に味噌で煮た鍋料理。「ぼたん」は猪の肉の別称で、薄切りにした肉を牡丹の花に似せて皿の上に盛り付けることにちなんでいる。猪の肉は焼肉用としても人気があり、もっちりした食感とジューシーな脂身・肉汁にハマる人も多い。

ホットプレート

主に電気で鉄板を熱して調理する、家庭用の卓上調理器具。焼肉のほか、お好み焼きやホットケーキなどを食卓で調理する際に用いる。上部の鉄板は平面のものや焼肉用に穴のあいたもの、たこ焼き用のものなどがあり、それぞれに交換して使用することができる。

骨付きカルビ(ほねつき)

牛のばら肉の中でも骨付きの状態で料理されるもの。豚の場合はスペアリブと呼ばれる。骨まわりの肉は細胞が壊れにくく、水分を保持することができるため、肉質はやわらかくてジューシー。また、骨から出る旨みやコラーゲンを多く含んだ深い味わいが楽しめる。

ほほ肉(にく)

食べ物を噛むなどよく動かす部位なので、脂が多く味は濃厚。ゼラチン質がたっぷり含まれているため、煮込み料理にも適している。かための肉質で、焼肉の場合は薄切りにするとざっくりとした食感が楽しめる。「ホホ」や「ツラミ（P104）」と呼ばれることが多い。

ホタテ ⇩ ほほ肉

掘りごたつ

床や畳の一部を切り取り、その上にこたつを設置したもの。椅子に座るような姿勢で使えるように底面を低くしており、使わない時期には上に畳を敷けるものもある。飲食店ではこたつの機能がない場合もあるが、疲れにくくゆったりとくつろげるため人気は高い。このスタイルの焼肉店もある。

ホルスタイン

牛の品種のひとつでオランダが原産。毛色は黒と白のまだらになっており、乳量が非常に多い。日本でも乳牛としてのイメージが強いが、欧州では乳肉両方を目的に肥育されている。日本で育ったホルスタインが肉牛として店頭に並ぶ場合は「国産牛」と表示される。

ホルモンうどん

具材にホルモンを使った焼きうどんの一種で、ホルモン焼きうどんとも呼ばれる。ご当地グルメとして売り出している兵庫県の佐用町や岡山県津山市などが有名。ホルモンの旨みから生まれる独特のコクに特徴があり、地域や店によってタレの付け方や味が異なる。

ホルモン天ぷら

ホルモンに衣を付けて油で揚げたもの。センマイ、白肉、ハチノス、チギモなどが定番で、唐辛子の入った酢醤油を付けて食べるが、酢醤油の味は店ごとに特色がある。広島のソウルフードともいわれており、広島市西区の福島町・都町エリアに店舗が密集している。

ホルモン

食用にする牛や豚などの内臓のこと。かつては廃棄されていた部位であることから「放るもん（＝捨てるもの）」が由来という説もある。「もつ」や「内臓肉」と呼ばれることも多い。焼肉店の定番メニューとして人気を集めるほか、鍋や煮込み料理にも使われる。

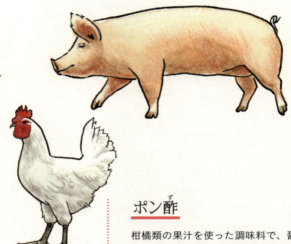

ホワイトミート

赤色があまり濃くない、鶏肉や子牛肉、豚肉、家兎（うさぎ）肉などをさす。また、ツナ缶（ビンナガマグロの油漬け）をホワイトミートと呼ぶこともある。反対に赤色の濃い肉は「レッドミート」と呼ばれ、牛や羊、馬などの哺乳類の筋肉部分のことをいう。

本（ほん）

焼肉に対する人々の興味と探究心は増す一方で、書店には多くの関連書籍が並んでいる。有名店のリストから肉の図鑑、おいしく食べるための指南書や焼肉ビジネスの開業マニュアルまで、その内容は多種多様で、中には焼肉愛好家のバイブルになっているものも。

本気（ほんき）

優良な焼肉店を訪れる際の心境を「本気」と表現する人がいる。それは良質な肉と対峙する心構えでもあり、それだけ肉をリスペクトしている表れでもある。もちろん、焼肉店は最高の肉とサービスを提供することに本気を出し続けている。

ポン酢（ず）

柑橘類の果汁を使った調味料で、醤油を加えた「ポン酢醤油」などがある。焼肉ではタレの代わりに使われ、さっぱりとした後味を求めて大根おろしやわさびを加えることも多い。地域によって好まれる味わいや特産品が異なるため、さまざまな種類があるのも特徴。

ポンド

イギリスの重量の単位。アメリカでも使用され、ステーキの重量をこの単位で表す。1ポンドは453.59237グラムであることから、1ポンドの肉はかなり大きなものといえる。「パウンド」と発音することもある。

| 1ポンド | ＝ | 453.59237グラム |

ホワイトミート ⇨ ポンド

韓国焼肉

韓国料理専門店は多数あるが、焼肉店において日式焼肉なのか、韓国焼肉なのかもはや区別ができない。というのも、日式焼肉の店でも味付けが韓国焼肉の場合もあり、またクッパやキムチといったサイドメニューも定番のように存在している。

大きな違いとすれば、韓国焼肉では日式焼肉と比べ部位が少ない。店ごとに専門とする部位があるからだ。また、客自ら焼く日式焼肉に対して、韓国焼肉では店員が焼いてくれる。

肉の種類（傾向）

店は牛焼肉、豚焼肉、ホルモン焼肉というように部位ごとに分かれる。豚ばら肉は、デジカルビという名称で日本でも普及。また、メニューは2人前からの注文を基本とする店もある。

食べ方

店員が焼く。大きな肉や骨付きは店員がハサミでカットしてくれる。また、焼く前に味付けすることが多く、焼いた肉をサンチュやエゴマの葉などに巻いて食べる、サムギョプサルが有名。

味付け

肉は甘辛いタレに漬け込まれたものが多く、壷漬けにしたものも定番。タレは調合が多く日本焼肉と似ているが、コチュジャンや粉唐辛子など辛みを足すこともある。

サイドメニュー

ビビンバ、クッパ、冷麺、チヂミ、チゲ、ナムル、キムチなどは日本でもポピュラーな存在。酒では白く濁った「マッコリ」が韓国焼肉ならではで、こちらも日本で人気になっている。

キムチは焼肉のお供

白菜キムチ、カクテキ、オイキムチといった定番のほか、ポサムキムチ（白菜の葉で薬味を巻いている）、水キムチ（白菜と大根を薄く切って薬味を加える）など種類は数えきれない。韓国ではキムチ無料という店もある。

まえ（牛の前半身）

牛の内臓・手足・頭・尾を取り除いた枝肉のうち、前半身部分をさす。ネックや肩ロース、腕、スネなど、さまざまな動きをする細かい筋肉が集まっている。そのため希少部位も多く、サシの豊富な「ざぶとん」から「とうがらし」などの赤身までバラエティに富む。

まえ ⇩ 巻き寿司

前沢牛（まえさわぎゅう）

岩手県奥州市前沢産の銘柄牛。黒毛和種で肉質等級が4以上、歩留等級がAまたはBなどの定義を設けている。肉質は上質そのもので、きめ細やかなサシが入っており、包丁を入れるとしっとりとした手ごたえを感じるほど。また、脂の質と香りのよさにも定評がある。

商標登録　2234215

画像：岩手前沢牛協会提供

マキ

DATA	希少度	★★★★☆
	価　格	★★★★★
	かたさ	★☆☆☆☆
	脂	★★★★☆

🔥 レア

⚫ わさび醤油／甘口ダレ／塩ダレ

リブロース芯に巻き付いていることからその名が付いた。焼肉店では見かけることの少ない希少部位。リブロースの隣にあるだけあって肉質はやわらかく、サシも入りやすい。旨みはロースの中で一番といわれるぐらい濃厚で、店によっては特上カルビとして出される。

巻き寿司（まきずし）

具を芯にして海苔で鮨飯を巻いたもの。海苔1枚で巻いたものを太巻き、半枚で巻いたものを細巻きという。中の具材として焼肉を使うケースも多く、野菜やキムチと一緒に巻いたものは人気が高い。牛肉をタレに付けて焼き上げ、キムチやサンチュ、ソース、ごはんを海苔に包んだメニューを提供する店もある。

マクラ

牛

牛の外もも（後肢のももの外側）の内側にある部位。形が金の延べ棒に似ていることから「シキンボウ（P81）」とも呼ばれる。よく動く部分なので筋肉が多く脂肪が少ない。繊維が多いため豊かな弾力が感じられるが、焼きすぎるとかたくなるので気をつけたい。

マッコリ

朝鮮半島で造られる醸造酒のひとつ。米と麦麹を合わせて発酵させたもので、アルコール度数は6～8度。白濁し、ほんのり甘酸っぱい。「マッコルリ」「マッカリ」ともいう。脂の多い料理とも相性がよく、韓国料理店や焼肉店で提供しているところが多い。

松阪牛
まつさかうし

松阪市周辺で最長かつ最終的に肥育された黒毛和種の未経産の雌牛に限定。「まつさかうし」または「まつさかぎゅう」と読む。上品な香りときめの細かいサシ（霜降り）が特徴で「肉の芸術品」の異名を持つ。また、脂肪融点が低く、口の中ですぐに溶けるまろやかな食感も大きな魅力のひとつ。

画像：
松阪牛協議会提供

マトン

大人の羊の肉のこと。日本では生後12カ月未満で永久歯が生えていない子羊の肉をラム、それ以外をマトンと呼ぶ。肉の色が濃く独特の香りがあり、成分や味は牛肉に似ている。タマネギやショウガ、ニンニクなどの香味を添えたジンギスカンや焼肉に適している。

マニア

近年、日本の焼肉人気は勢いを増す一方で、有名無名を問わず多くの「マニア」が存在する。有名店のみならず地方の店にも熱心に足を運び、その中には年間120軒以上を食べ歩く猛者も。また、肉好きが高じた結果、枝肉のセリ会場や肉牛の生産者を訪ねる人もいる。

幻の肉

埼玉県産の銘柄豚「古代豚」の肉のこと。現在では天然記念物級に希少種となった中ヨークシャー種を基礎豚として交配したもので、こだわりの飼料を与え、9カ月かけて肥育している。肉のきめが細かく、旨みのある白い脂が特徴で、栄養価が高くくさみが少ない。

マメ

牛

牛の腎臓で、鉄分、ビタミンB₂が豊富。レバーに似た味で、砂肝をやわらかくしたような食感が特徴。ヨーロッパではソテーにして食べられる。

まめ

豚

DATA	希少度	★★☆☆☆
	価　格	★☆☆☆☆
	かたさ	★★☆☆☆
	脂	★★★☆☆

🔥 ウェルダン
🍶 味噌ダレ／塩ダレ／甘口ダレ

豚の腎臓のこと。形がそら豆に似ていることからその名が付いたとされる。やわらかくプリプリとした食感で、脂肪が少なめで低カロリー。また、ビタミンや鉄分を豊富に含んでいる。ややくさみがあるが、焼肉の際はタレを付けて十分に火を通せば気にならないはずだ。

マルカワ

牛

DATA	希少度	★★★☆☆
	価　格	★★☆☆☆
	かたさ	★★★☆☆
	脂	★★☆☆☆

🔥 レア
🍶 塩ダレ／甘口ダレ／醤油

牛の後肢の付け根の一部。内ももより下の内側にある球状の「しんたま」は複数の部位に分けられるが、その中で最も量が少ないとされる。きめが細かくてやわらかく、脂は少なめ。弾力があり噛むと旨みが染み出る。薄切りの表面をサッと炙って食べるのがベスト。

丸腸

牛

DATA	希少度	★★★☆☆
	価　格	★★☆☆☆
	かたさ	★★☆☆☆
	脂	★★★★★

🔥 ミディアム
🍶 甘口ダレ／味噌ダレ／醤油ダレ

牛の小腸を筒のまま裏返しにし、ひと口サイズにカットしたもの。「コプチャン」や「ホソ」とも呼ばれる。厚みのある脂肪を内側に閉じ込めているため、焼くことで外側にある腸壁が縮み、中の脂がぎゅっと詰まる。コラーゲンが豊富なことから女性の人気も高い。

満腹
まんぷく

満腹になるまで焼肉を楽しみたいがカロリーが気になるという場合は、食べる順番に注意するとよい。最初に野菜をとり、肉はタンやホルモンなど低カロリーでよく噛むものから選ぶ。脂の多い肉は後半にし、最後は脂肪の分解を促すグレープフルーツがおすすめだ。

ミート

牛・豚などの肉の総称で、鶏肉は含まれない。英語では「meat」と表記する。個別の表現としては、牛肉が「beef（ビーフ）」、豚肉が「pork（ポーク）」、羊肉が「lamb（ラム）、mutton（マトン）」となる。なお、鶏肉の総称は「poultry（ポートリー）」という。

ミートスライサー

食肉などを薄く切る器具。ローストビーフや生ハム、ベーコンにチャーシューなどを設定した一定の厚さで切ることができる。家庭用の小型のものや大型の業務用のものなどがあり、生肉だけでなく加工した肉もスライス可能。使用目的によりさまざまな種類がある。

ミートフードEXPO
エキスポ

焼肉業界と肉料理を扱うすべての外食・飲食業界をターゲットにした専門展示会。焼肉ビジネスフェア実行委員会の主催で2009年から年1回開催されており、「新しい食材」や「繁盛店につながるハードとソフトの提案」など業界に特化した情報発信の場となっている。

ミシュラン

フランスのタイヤメーカー。転じて同社が発行する「ミシュランガイド」をさす。赤い表紙のホテル・レストラン案内と、緑の表紙の観光案内があり、星の数で格付けを表すのが特徴。ガイドブックの世界的権威となった現在は日米欧各国にさまざまな地域版がある。客に焼くことをゆだねる焼肉店はミシュランに認定されにくい業態だが、ミシュランに認定される店も出てきた。

ミスジ

牛

DATA	希少度	★★★★☆
	価格	★★★★☆
	かたさ	★★☆☆☆
	脂	★★★★☆

- ミディアムレア
- 甘口ダレ／塩ダレ／わさび醬油

牛の肩甲骨の裏側にある肉。1頭から取れる量が少ない希少部位で、ゼラチン質やエキス分が多い。また、筋肉が発達しやすい部分にあるため筋や筋膜が多く、濃厚な肉の旨みと歯ごたえのよさを楽しめる。肉の厚みや焼き方で味が変わるため、玄人向けともいえる。

味噌ダレ

味噌にショウガや砂糖、酒などを加えて混ぜ合わせたタレ。コクのある濃厚な甘みが特徴で、店によってはごま油や唐辛子などを加えているところもある。味の薄い肉やくさみのある部位を食べやすくするほか、下味の「もみダレ」としても使われる。

ミディアム

肉の焼き加減のひとつ。3種類に大別されるうちのレアとウェルダンの間で、ほどよく火が通った状態。断面の肉色は全面的に変わっているが、中心部には薄いピンク色を残している。肉汁は生に近い状態で少ししか出ない。内部温度の目安は65〜70度である。

1	2	3	4	5	6	7	8	9	10
ロー	ブルー	ブルーレア	レア	ミディアムレア	ミディアム	ミディアムウェル	ウェル	ウェルダン	ヴェリー・ウェルダン

ミディアムウェル

10段階中7番目に火が通った状態で、「ミディアム」と「ウェル」の中間にあたる。中心部には生の赤い部分は見られず、ほんのりピンク色が残る程度。生ではないがやわらかさは残っている状態なので、生焼けが好きではない人向けといえる。

ミディアムレア

いわゆる「レア」と「ミディアム」の中間で、10段階ある肉の焼き加減の真ん中に位置する。「レア」よりは火が通っているが、肉の芯が温まっている程度で、中心部には生のままの赤身が残っている状態。カットすると断面からは肉汁がにじみ出てくる。

ミネラルウォーター

ミネラル分の添加および加熱以外の殺菌を行った水。肉料理にミネラル分の高い硬水を使うとタンパク質がミネラル分と結び付き、肉をやわらかくしてくれる。また、カルシウムが肉をかたくする成分と結び付いてアクとして出るため、くさみを少なくする効果もある。

ミノ

DATA	希少度	★★☆☆☆
	価格	★★★☆☆
	かたさ	★★★☆☆
	脂	★★☆☆☆

🔥ウェルダン
●味噌ダレ／塩ダレ／梅ダレ

牛の第一胃で、形が蓑に似ていることからその名が付いた。牛が持つ4つの胃の中では一番大きく肉厚で、特に厚くなった部分は「上ミノ（またはミノサンド）」と呼ばれている。コリコリとした歯ごたえで焼肉の定番メニューとしても人気。味噌ダレとの相性がよい。

ミノサンド

DATA	希少度	★★★★☆
	価格	★★★☆☆
	かたさ	★★★★☆
	脂	★★★★☆

🔥ウェルダン
●味噌ダレ／醤油ダレ／塩ダレ

牛の第一胃であるミノの中でも特に厚く、脂を多く含んだ部位。肉が脂を挟んでいるように見えることに由来する。別名「上ミノ」。濃厚で甘みのある脂と、ミノのコリコリとした食感を同時に味わえるのが大きな魅力。ごくわずかしか取れない希少部位でもある。

ミミ

豚の耳のこと。コラーゲンが主成分となっているためヘルシーで、ゼラチン質が多いことから揚げ物やゆで物、炒め物などに利用される。特に中華料理や沖縄料理でよく使われており、クセのないあっさりとした味で軟骨のようなコリコリとした歯ごたえがある。

ミミガー

沖縄の方言で豚の耳の肉をさす。皮とナンコツが主成分で、独特のコリコリとした食感がある。ゆでたものをポン酢などの調味料で味付けした料理が多い。沖縄の焼肉店のサイドメニューにラインナップされていることも。

ミネラルウォーター ⇩ ミミガー

宮崎牛
みやざきぎゅう

宮崎県内で生産肥育された銘柄牛のこと。「みやざきぎゅう」、または「みやざきうし」と読み、黒毛和種、肉質等級4以上などの定義がある。2017年には5年に1度開催される和牛のオリンピック「全国和牛能力共進会」で内閣総理大臣賞を史上初の3大会連続受賞した。

画像：宮崎県経済農業協同組合
　　　連合会提供

ミンチ

肉挽き機で細かく挽いた肉のこと。一般的には肩肉やすね肉などのかたい部分や余り肉が使われ、牛・豚・鶏のほか牛肉と豚肉を一緒にした合い挽き肉もある。挽く回数を多くするごとに肉が滑らかになり、用途によって粗挽き、細挽き、二度挽きなどが使い分けられる。

無煙ロースター
むえん

焼肉を焼いても余分な煙が出ないロースターのこと。網の付近に煙を吸い込む穴を設け、煙が上がるのを少なくする機能を持つ。衣服ににおいが付かず、室内がクリーンに保たれるなど、さまざまなメリットがある。最近では家庭用のものも登場し、人気を呼んでいる。

無角和種
むかくわしゅ

4系統ある「和牛」の一種。山口県阿武郡の在来種をアバディーン・アンガス種によって改良した品種で、肉質は赤身が多い。角がなく、毛色は真っ黒。成長速度が早く産肉量も多いが、肥育が進むと皮下脂肪が厚くなりやすい傾向がある。現在の飼育数は少ない。

写真：(独) 家畜改良センター提供

無鉤条虫
む こうじょうちゅう

人間の小腸に寄生する寄生虫で、条虫（いわゆるサナダムシ）の一種。カギナシサナダともいう。成虫の体長は4〜12mmあり、感染すると腹部に不快感を覚えたり、軽度の下痢や便秘などを起こしたりすることがある。予防策は生肉や加熱不完全の牛肉を食べないこと。

ムネ

鶏

鶏肉の胸の部位。しっかりした大きな塊で、白っぽいピンク色をしている。脂肪分が少なめでタンパク質が多く、肉質は引き締まっていてやわらかいのが特徴。くさみはほとんどなく、さっぱりとした味わいで、蒸し物やカツレツなどの揚げ物に適している。

村上牛
むらかみぎゅう

新潟県

新潟県産の銘柄牛「にいがた和牛」のうち、村上市・関川村・胎内市で飼育された格付等級A4・B4以上のものをさす。コシヒカリの稲わらなど工夫を凝らした飼料を与えられて育ち、その肉質は色鮮やかでサシが多い。甘みのある、とろけるような味わいで定評がある。

胸焼け
むねや

胸焼けの原因については諸説あるが、そのひとつに「リノール酸脂」が挙げられる。食肉に含まれるこの脂は融点が低いため、体の中に入ると胃壁に付着し、胃酸過多を引き起こす。脂は食道にも付着するため消化しようとして胃酸が逆流し、胸焼けが起こるという。

無鉤条虫 ⇩ 村上牛

銘柄
めいがら

国内に広く流通しているさまざまな名称の肉のこと。元々は特に優れた肉に対して付けられた商標をさすものだった。現在は各推進団体が任意で決めた基準をクリアしたものが銘柄を名乗っており、その数は牛肉だけでも250種類以上、豚は約400種類が存在する。ブランドともいう。

銘柄鶏
めいがらどり

3種類に分けられる日本の食用鶏のひとつ。他に「若どり（ブロイラー）」「地鶏」がある。厳密な定義はなく、飼料や飼育期間を工夫し味がよくなるようにこだわって育てられている。主な銘柄として、南部どり、地養鶏、房総ハーブ鶏、赤鶏さつまがある。

銘柄豚
めいがらぶた

一般の豚と差別化をはかるために作られたもので、全国に約400種類存在する。公的な認定制度はなく、生産基準も統一されていないが、各地の生産・出荷団体が独自の基準を設けており、専用のマークが作られたり商標登録されたりしている。ブランド豚ともいう。

明月館
めいげつかん

1946年10月に東京・新宿に開業した本格韓国料理専門店で、焼肉店として日本最古といわれている。焼肉のほか、韓国料理を中心とした一品料理とごはん、麺、スープ、鍋類のメニューが豊富。伝統が息づく名店には、足繁く通う常連のほか、新宿駅からすぐの立地とあって、老若男女が連日訪れている。

名店
めいてん

焼肉街として古くから親しまれている店、希少部位を提供する店、メディアなどで話題になった店など、焼肉店で名店といわれるところは多い。名店といわれるだけあって必ずしも席に座れるとは限らず、予約ができない場合、1時間待ちなどもザラ。名店には秘伝のタレなどオリジナリティに富んだものも多く、一度はその食を体験したいものだ。

メイラード

酵素を介さずに糖とアミノ酸（タンパク質）が結合する反応を「メイラード反応」という。肉を加熱したときに褐色化してよい香りが発生するのはこの反応のため。コーヒー豆の焙煎、チョコレートや味噌・醤油の色素形成、トースト・ごはんの「お焦げ」も同様である。

メガネ

牛の骨盤や股関節のまわりにある部位。切り出した骨の形が眼鏡に似ていることからその名が付いた。1頭から取れる量があまり多くない希少部位で、ハラミのようなやわらかさと赤身肉の旨みを兼ね備えている。焼肉の場合は厚めに切り、肉本来の味を堪能したい。

飯テロ

SNSやインターネット上の掲示板においしそうな料理の写真を投稿したり、ダイエット中の人の前で食事をしたりすること。欧米では「フードポルノ」と呼ばれ、広告やインフォマーシャルなどで調理や食事を魅惑的に表現し、見る者の食欲を刺激する行為をさす。

雌牛

雌牛は皮下脂肪が多く肉質もきめが細かいため、筋肉質な雄牛よりもおいしいと評価される場合がある。有名な銘柄牛の中には「出産をしていない雌牛」と規定しているものもあるほどで、不飽和脂肪酸が多く含まれるその肉は、口の中でとろけるような味わいを生む。

メニュー

焼肉店では壁に部位やサイドメニューが貼られているところ、またメニュー表があるところ、最近ではタブレットタイプのメニューがある。多くは、牛肉、ホルモン、豚肉、スープ、サラダ、ごはん、麺類、デザート、ドリンクというふうにカテゴリー分けされている。また、タンやハラミは内臓に属するが、正肉のカテゴリーに入っている場合もあり。

モチベーション

物事を行うための意欲や動機になるもの。「肉を食べると闘争心が湧く」ということで、試合や仕事へのモチベーションを上げるために焼肉を食べる人は少なくない。なお、牛肉に多く含まれるタンパク質、アミノ酸はアドレナリンの分泌を促進するといわれている。また肉の状態がよいことをさす場合もある。

モツ

鳥獣肉の臓物のこと。「内臓肉」「畜産副生物」「ホルモン」ともいうが、「モツ鍋」や「モツの煮込み」といった名称は一般に浸透している。安価で栄養もあることから人気が高く、欧米では「バラエティミート」「ファンシーミート」と呼ばれている。

もつ鍋

牛の臓物をニラやキャベツ、豆腐などと一緒に煮ながら食べる鍋料理。「ホルモン鍋」ともいう。味噌味や塩味のほか、コチュジャンを用いた韓国風のものなどがある。福岡・博多の名物で、締めにはちゃんぽん麺を入れる。なお、もつは豚のものを使う場合もある。

もみ込み

焼肉の下ごしらえとして、もみダレに漬け込み、それを手でもみ込むことがある。肉に風味を加えるほか、くさみを取る効果もあり、焼いた肉は味が付いているので、あっさりしたタレでも味わい深い。家庭で焼肉をする場合、ビニール袋にもみダレを入れてもみ込むと、手が汚れずにすむ。

もみじおろし

大根に唐辛子を差し込んで一緒におろしたもの。また、大根おろしとニンジンおろしを合わせたものをさす。ほんのりした赤い色から名前が付いた。辛み味を活かした薬味として用いられ、しゃぶしゃぶなどの鍋料理のほか、焼肉ではポン酢ダレに入れる。

もみダレ

焼く前の肉に下味を付けるためのタレ。基本的には漬け込まず、肉に味付けをしたらすぐに提供される。醤油をベースに調味料が加えられ、ニンニクやショウガのほか、りんごなどの果実類も使用。店によっては肉に応じて数種類を使い分けるという。

もも（牛の後ろ半身）

文字通り牛のもも部分の肉。内臓・手足・頭・尾を取り除いた枝肉のうち、後ろ半身部分をさす。お尻から後ろ足にかけての、最も肉量が取れる部位でもある。肉質は総じて赤身で、部位は、シキンボウ、なか肉、ハバキ、センボン、ウチモモなど。

モモ

鶏

鶏の足のすぐ上、もも部分の肉のこと。肉質は締まっていて脂肪が多く、色味は濃く赤っぽい。味にコクがありジューシーなことから照り焼きや親子丼、唐揚げなどに向いている。また、熱を加えると鶏肉らしい風味が出るため、鍋物や煮込み料理にも多く使われる。

モモロース

羊の腰から足にかけての後肢の部分をさす。よく動く筋肉だけに羊肉の中で最も脂肪が少ない。やわらかな赤身と肉の強い旨みが特徴で、ある程度火を通しても簡単に噛み切ることができる。断面からあふれ出る肉汁を楽しむなら、弱い火でじっくり炙るのがおすすめだ。

もやし

穀類や豆、野菜、牧草などの種子に水分と適温を与え、暗所で人工的に発芽させたもの。日本で一般的な豆もやしはビタミンCを多く含み、季節を問わずさまざまな料理に使われている。焼肉店ではナムルの材料に用いられ、定番のサイドメニューとして人気がある。

モラル

焼肉は、牛や豚、また提供する人、一緒に食す人への敬意が必要。食材を粗末にする焼き方は御法度で、また食べ方にはそれぞれの考え方や好みがあるため、自身のやり方を強要するのもモラル違反。希少部位を独り占めするのも避けよう。

モモ ⇩ 盛岡冷麺

盛岡冷麺
もりおかれいめん

朝鮮料理の冷麺を元に考案された岩手県盛岡市の名物料理。そば粉を用いず小麦粉とでんぷんで麺を作るのが特徴で、キムチやキュウリ、ゆで卵などの具材を盛りつけて冷たいスープをかける。盛岡で「冷麺」といえばこれをさし、焼肉店での定番となっている。

焼肉 と ジビエ

　狩猟により得た野生動物の肉を食べること。日本ではあまりなじみがないが、ヨーロッパでは古くから親しまれてきた伝統的な食文化だ。
　近年、日本でも取り扱う店が増え、それにともないジビエの野趣あふれる味を楽しむ人が増えつつある。ジビエの場合、狩猟における仕留め方や血抜き方法、枝肉の保存方法などにより味が大きく変わってくるため、シェフ自ら狩猟に出かけるこだわり派もいる。
　また、増えすぎたシカやイノシシなどによる農作物被害対策として狩猟を推奨している自治体もある。大切な命を無駄にすることなくいただくという方針で、それは焼肉でも活用されている。

ウマ	日本の馬肉食が広まったのは大正時代。現在、国が定めた処理をした肉は馬刺しとして生食できるため、馬肉ファンも多くいる。	ヒツジ	マトンはにおいにクセがあり肉もかたいイメージがあるが、近年は仔羊の肉であるラム肉が広く流通し、ジンギスカンは人気料理。
シカ	牛肉や豚肉に比べ脂肪分が少なく赤身が多いため、高タンパク低カロリーの美容食材として人気。あっさりとした淡泊な味わい。	イノシシ	野菜と煮込んだ"ぼたん鍋"が有名だが、仕留めた後の処理が上手にされたものであれば、においもなくソテーや焼肉で楽しめる。
ウサギ	脂肪の少ない赤身肉で血の味が強い。フランスでは煮込み料理にされることが多いが、モモ肉を香草と一緒にローストにしても美味。	カモ	蕎麦屋で提供されることが多いカモ肉は、脂身の旨みが豊富で濃厚な味わい。ローストやソテー、煮込み料理など家庭でも調理しやすい。
キジ	脂身が少なくあっさり味。鶏肉に比べ高タンパクでカロリーも半分ほど。リンやカリウムなどのミネラルやアミノ酸も豊富。キジ鍋が有名。	ハト	エジプトや中国ではポピュラーなハト料理。腹に米や野菜を詰めて丸ごと蒸し焼きにしたり、ローストにしたりして食すのが定番だ。

焼き網ホルダー

焼き網を交換する際に用いる道具。焼肉やバーベキューのほか、魚を焼いて熱くなった網を動かすときなどにも使われる。角度のついた突起部で網を引っ掛ける構造で、金属製のものがほとんど。持ち手をパイプ状にするなど手元が熱くならないように工夫されている。

焼きうどん

うどんを肉や野菜などの具材と一緒に炒め、調味料で味を付けたもの。地域や店によって味や具材が異なり、焼肉店ではホルモンを加えたものを出すところもある。また、使用する麺も生麺やチルド麺、乾麺や平たい麺などがあり、さまざまな焼きうどんが存在する。

焼き育てる

焼肉の際に自分用の肉を一から焼き、好きな焼き加減やタイミングで食べること。焼肉はひとつの網の上で複数の人が肉を焼くため、"焼肉奉行"のような人がいない場合には「大事に育てた肉が知らない間に誰かに食べられている」という"悲劇"が起こりやすい。

焼肉味

日本の食料品の中には「焼肉味」や「焼肉風味」と銘打ったものが多数存在する。基本的に味は濃厚で、香ばしく焼かれたジューシーな肉の味わいなどが再現されている。また、タレを意識した唐辛子やごま入りのものなども。ふりかけ、スナック菓子などに多い。

焼肉一人前

多くの焼肉店では皿に盛る重量（グラム）が決まっているという。かつては100gが一般的だったが、大手チェーン店の登場などもあって業界の基準に幅が生まれた。店舗や肉の種類によって差異はあるものの、現在は70〜100gに設定している店が多いといわれている。

焼肉音頭

東京・四谷の焼肉店『名門』。その名物店長である"ヤッキー中村"が2007年に発表したCD『焼肉ぶる〜す』のカップリング曲。自店の名物"絶倫コース"を歌詞に取り込むなど、強烈かつ特異といわれるキャラクターを活かしたユニークな楽曲となっている。

焼肉サンド

サンドイッチの具材に牛カルビなどの焼肉を使用したもの。肉と野菜とパンの相性がよいのはハンバーガーなどでも実証されているが、焼肉のタレや味噌、サンチュ、コチュジャンなどを使用することにより、実際の焼肉に近いテイストを実現しているものもある。

焼肉定食

日本の一般的な定食のひとつ。タレで味付けされた薄切り肉と野菜を炒めたものに、ごはん、味噌汁、サラダや漬物などの小皿がセットされている。焼肉店や大衆食堂などでは定番メニューとしているところも多く、使用する具材や味付けは店によりさまざまである。

焼肉女子会

文字通り、焼肉店で行われる「女子会」のこと。焼肉店の中には女子会を意識し、お得なプランやワインなどのドリンクを充実させたところも増えている。また、月に何度も焼肉店に通い、そこで撮影した生肉の写真をSNSに投稿する「焼肉女子」も話題に。

焼肉店

飲食店が減少する中、焼肉店の活気は衰えていない。フランチャイズ店の店舗数拡大もあり、子どもから大人まで幅広い層に支持されているのが要因。品質、価格、メニュー数、エンターテインメント性など、お店の売りはそれぞれで、消費者としては選択する喜びが増えている。

焼肉サンド ⇩ 焼肉店

焼肉店（雑誌）

「新しい時代の焼肉店をつくる」をテーマにした焼肉業界専門誌。最新のヒットコンセプトや人気店の名物メニュー、経営強化に役立つ情報など充実した内容で、全国の焼肉店経営者や店長をはじめ多くの読者から支持されている。株式会社旭屋出版より発刊されている。

焼肉店センゴク（漫画）

覆面うさぎ作の漫画。近所の焼肉店「センゴク」で人生初のアルバイトを始めた主人公のモップが、個性豊かな仲間とともに成長する焼肉系ハートフルギャグ4コママンガ。コミックスマート配信の『GANMA!』では毎週水曜日に連載中で、アニメ化もされている。

©覆面うさぎ／COMICSMART INC.

焼肉デート

かつては煙やにおいが衣服に移ったり、ニンニク臭が気になったりするため、男女で焼肉店に行くことは敬遠されがちだった。しかし、最近は無煙装置や意識の変化もあり、一緒に肉を焼くことで距離感が縮まり自然と会話が弾むなどよい面がクローズアップされている。

焼肉ドラゴン

鄭義信作・演出による演劇作品。高度経済成長期の片隅で小さな焼肉店を営む亭主と、その家族の絆を描いた物語は数々の演劇賞を受賞。2018年には鄭の脚本・監督による映画版が日本と韓国で公開され、個性豊かなキャストが話題を集めた。

焼肉丼

丼に入れたごはんの上に焼肉、野菜などを乗せた料理。具材にはキムチやもやし、焼肉のタレなども使われ、豚焼肉丼、牛カルビ丼などバリエーションも多い。焼肉店などで出されるほか、簡単に作れてボリュームがあることから家庭用のメニューとしても人気。

焼肉バイキング

焼肉店におけるバイキング方式のサービス。バイキングとは通常、客が自分の好きなものをビュッフェボードから自由に取り分けるサービスをさすが、焼肉の場合は加熱調理する前の食材を提供するため、注文を受けたものだけを出すオーダーバイキング方式が多い。

焼肉の日

平成5年（1993年）に全国焼肉協会が定めたもので、「8＝や（き）2＝に9＝く」の語呂合わせから8月29日に設定された。毎年8月29日には多くの焼肉店で食べ放題やキャンペーンなどのイベントが開催され、楽しみにしていた焼肉ファンで賑わう。

焼肉バーガー

パティ（ひき肉を円盤状にして焼いたもの）の代わりに焼肉を使ったハンバーガー。また、通常のハンバーガーはパンでできたバンズを使用するが、日本では米飯を固めたバンズを使う「ライスバーガー」が開発され、それに焼肉を挟んだものが人気を集めている。

焼肉のまち

長野県飯田市は人口1万人あたりの焼肉店舗数が日本で一番多いことから「焼肉のまち」と呼ばれる。また、日本の焼肉発祥の地といわれる大阪市生野区の鶴橋コリアタウンや、和牛生産が盛んな栃木県鹿沼市、北海道北見市など「焼肉のまち」を自認するところはいくつかある。

焼肉箸

牛・豚・鶏などの生肉には細菌が存在する。そのため、食事用の箸で直接触れるとサルモネラ菌やカンピロバクター、大腸菌など食中毒の原因となる細菌が付着してしまう。生肉を網に乗せるときや裏返すときには、必ず焼肉箸（もしくはトング）を使用すること。

焼肉の日 ⇨ 焼肉箸

焼肉フェス

焼肉をテーマにしたフェスティバル。南信州・飯田では「焼來肉ロックフェス」という、焼肉と音楽のコラボイベントを開催。その他、ステージイベントを開催したフェス、ビジネスマッチングのフェスなど、全国各地にさまざまな催しがある。「肉」が人々を引き寄せる証しといえよう。

焼肉奉行

焼肉を焼く際の進行を仕切る人。肉を注文する順番や焼く位置、火加減、焼け具合などを細かく指示する。焼肉に強いこだわりを持つ人がいる場合や、参加メンバーの段取りが悪い場合に出現する。同じような行動をとる「鍋奉行」から転化したものと思われる。

焼肉弁当

焼肉がメインの弁当のこと。ごはんに添えるおかず程度のものから、ごはんの上にびっしりと敷き詰められた重箱のようなものまで、肉の量と質、価格帯はまさに千差万別。高級焼肉店で作られているものは芸能界にファンも多く、撮影や収録の定番弁当になっている。

焼肉ラーメン

ラーメンの上に焼肉を乗せたもの。多くのラーメンにはチャーシューが乗せられているが、その代わりにタレで味付けされた薄切り肉などが用いられる。焼肉の肉汁やタレがスープと絡まって濃厚な味わいを醸し出すことから、これを好んで探し求める人は少なくない。

火傷

日常生活で多いケガのひとつであり、熱い液体や金属、炎などに触れることで皮膚が損傷した状態をさす。その程度は面積と深さで決められる。焼肉の鉄板や炭に触れて大火傷をした場合は、まず水道水で冷やし、その後すぐに近くの医療機関で治療してもらおう。

ヤゲンナンコツ

鶏

鶏の鎖骨のすぐ下にある胸の軟骨のこと。Y字のような形が漢方薬や生薬をすりつぶすための道具「薬研（やげん）」に似ていることに由来する。やわらかいため焼くのも刺すのも容易だが、火を通しすぎるとかたく黄色くなりやすい。鶏肉の中では最もカロリーが低い。

野菜
や さい

焼肉をする際には欠かせない具材であり、栄養のバランスと箸休めの意味から複数の種類をそろえることが望ましいとされる。生で食べられる葉物や、彩りを添える緑黄色野菜、焼き野菜の定番であるタマネギやシイタケのほか、もやし、とうもろこしなどが代表的。

野菜炒め
や さい いた

キャベツ、にんじん、もやし、ピーマンなどの野菜と牛肉の炒め物。家庭ではこの味付けに市販の焼肉のタレを使用することがある。また、正肉ではなくホルモンを使用するなど、その家庭ならではの味が存在する。手軽に作れる、人気の一品だ。

野鳥
や ちょう

かつて家畜を食べることが禁じられていた日本において、肉は野鳥のものをさした。鴨や雉、鳩などが食用として捕獲され、実った稲穂を食べる雀も害鳥として網で捕らえられた。この雀を串焼きにして食べたのが今の「焼き鳥」のはじまりになったといわれている。

ヤッキーくん

牛をモチーフにした全国焼肉協会のイメージキャラクター。かわいらしい牛が赤い帽子と服を身に着けており、帽子には「J.Y（全国焼肉協会の英名ALL JAPAN "YAKINIKU" ASSOCIATIONの略）」と書かれている。LINEスタンプも発売されている。

画像：事業協同組合 全国焼肉協会提供

ヤットコ

金属製の工具の一種。てこの原理を利用して握力を増大させるもので、小型部品の組み立てや熱した鉄などを挟んだり曲げたりするのに用いられる。焼肉店では石焼ビビンバ用の石鍋を持ち運ぶ際に使われることが多い。そのことから「石鍋つかみ」とも呼ばれる。

山形牛

山形県で肥育・育成された黒毛和種の銘柄。肉質等級3以上のほか、放射性物質時検査で不検出などの基準もある。かつては米沢牛・飯豊牛・西川牛・天童牛・東根牛が個別で生産されていたが、1962年に「総称 山形牛」として定義づけ、品質規格の統一がはかられた。

画像：山形肉牛協会提供

やまざきポーク

青森県産の銘柄豚で、ケンボローとバークシャー種の交配種を専用飼料で肥育している。ビタミンEの量が通常の豚肉の約7倍もあり、保湿性が高く肉に締まりがある。また、食べるとやわらかく、あっさりとした脂肪には旨みがあり、くさみやアクは少ない。

大和牛

奈良県産の銘柄牛。特定の規格要件を満たした黒毛和種だけが認定を受けることができる。良質の飼料を与えられたその肉はやわらかくて弾力があり、体によいとされるオレイン酸が豊富で、脂肪の口溶けがよく、風味豊かな味わいを持つ。

画像：奈良県大和牛流通推進協議会提供

大和肉鶏

ニューハンプシャー種に名古屋種をかけ合わせた雌にシャモの雄をかけ合わせた鶏。奈良県全域で飼育されている。大和肉鶏飼養衛生管理ガイドラインを満たした肉で、赤身を帯びた肉は旨みが強く、脂肪は適度で、歯ごたえ、コク、甘みが特徴。

やまと豚

神奈川県発祥の銘柄豚。自社改良にこだわった「三元静止交配」を行い、厳しい品質管理のもと飼育されている。4年連続でiTQi（国際味覚審査機構）の三ツ星を獲得したその肉は、きめが細かくやわらか。脂肪はあっさりとしていて甘く、赤身には上品な旨みがある。

画像：株式会社フリーデン提供

ヤン

DATA	希少度	★★★★☆
	価格	★★☆☆☆
	かたさ	★★★★☆
	脂	★★★☆☆

🔥 ミディアムレア
🥢 味噌ダレ／塩ダレ／醤油ダレ

牛の第二胃と第三胃をつなぐ肉厚の部位。ハチノスの上に付いているコブ状のもので、1頭から取れる量はわずか。脂が多くこってりしているが、甘みがありクセがない。弾力のある独特の食感を持ち、鮮度がよいものはアワビのような歯ごたえが楽しめる。

ヤンニョンジャン

韓国で最も一般的なタレ。コチュジャンと並ぶ韓国の代表的な調味料で、薬味唐辛子とも呼ばれる。醤油や酒、砂糖などの調味料に唐辛子、ニンニク、ごま油、白ごま、ネギなどを混ぜ合わせて作る。焼肉やチヂミに付ける以外にもさまざまな用途に使われる。

游玄亭
ゆうげんてい

焼肉チェーン店「叙々苑」の店舗のひとつ。もともと都内の「叙々苑」には高級志向の店が多かったが、その中でも最高峰に位置付けられ、"焼肉会席"と呼ぶにふさわしい上質な味とサービスを特徴としている。赤坂や銀座をはじめ、大阪や京都にも店舗がある。

画像：株式会社叙々苑提供

有鉤条虫
ゆうこうじょうちゅう

条虫の一種で、頭部に鉤（かぎ）状の突起があることから「カギサナダ」ともいう。豚の生肉を食べると感染する。幼虫（嚢虫）は人の筋肉や目、脳などさまざまな部位に寄生し、重大な症状を引き起こすこともあるため、豚肉を食べる際は十分に加熱すること。

柚子胡椒
ゆずこしょう

九州地方特産の調味料のひとつ。大分県が特に有名で、細かく刻んだ柚子の皮にすりつぶした唐辛子と塩を加えたペースト状のもの。九州の一部の地域で唐辛子を「胡椒」と呼ぶことから名付けられた。鍋物、うどんなどの薬味や、汁物などの調味料として使われる。

や
ヤン ⇩ 輸送

輸送
ゆそう

和牛や国産牛の多くは、生きたままの状態でトラックなどで食肉市場に輸送される。そこで検査や解体、加工、せり売りが行われ流通する。一方、輸入肉は解体、加工されたものが、冷蔵（チルド）や冷凍（フローズン）保存されて、日本に入ってくる。

ユッケ

生の牛肉を細切りにし、ごまやネギなどの薬味と調味料を加えた韓国料理。中央に卵黄が乗っているため、よくかき混ぜて食べる。日本では焼肉店の定番メニューとなっているが、さまざまなアレンジが加えられ、牛のタンや馬肉、マグロなどで作られる場合もある。

ユッケジャン

牛肉と野菜、ワラビ、豆もやしなどを煮込んだ辛みのある料理。スープは牛の肉や内臓などでダシを取り、粉とうがらしやニンニク、醤油、胡椒、コチュジャンなどで味付けをする。

ユッケジャンクッパ

牛肉を使った韓国料理で、辛口のスープに山菜やナムルなどを加えたもの。「ユッケジャン」はスープ料理、「クッパ」は雑炊料理を表しており、生肉のたたきである「ユッケ」は入っていない。日本の焼肉店ではカルビクッパに並ぶ定番メニューとして人気がある。

輸入（ゆにゅう）

日本で流通している食肉には国産のものと海外から輸入したものがある。豚肉の場合、国産豚と輸入豚の流通量はほぼ同じだが、輸入豚の量は輸入牛の約4倍にものぼる。豚肉はアメリカやカナダなどから輸入されており、近年ではスペインのイベリコ豚などが有名。

夢の大地（ゆめのだいち）

専用の牧場で「オールインオールアウト」という飼育方式を使って育てられた北海道産の銘柄豚。独自設計の植物性飼料を与えることで、オレイン酸を多く含んだ旨みのある肉を作り出している。肉質はやわらかく甘みのある脂身が特徴で、コレステロール値は低い。

横濱(よこはま)ビーフ

神奈川県産の銘柄牛。厳選された黒毛和種の子牛を肥育し、基本飼料に「横濱ビーフA」を使用することで各生産農家の肉質と風味を均一に保つ。ほんのりとした赤身に見事なサシが入った肉は、風味や脂の口どけを左右するオレイン酸の数値にもこだわっている。

四字熟語(よじじゅくご)

ある試験で『〇肉〇食』の〇を埋めて四字熟語を完成させる問いが出題された。想定された正解は「弱肉強食」だったが、ある生徒が『焼肉定食』と回答。「それしか思いつかなかった」と感想を述べ、出題者を唖然とさせたという逸話が都市伝説的に残っている。

予約(よやく)

焼肉店に限らず、人気のある飲食店では事前の予約が欠かせない。特に人数が多いときや、お祝い事で確実に入店したい場合は必須。最近ではインターネットで予約をすると割引などの特典が付く店や、ホームページを見た人だけのお得なメニューを注文できる店などもある。

夜(よる)

焼肉店では、ランチ営業をしているところと、していないところがある。また中には深夜営業をしており、朝まで焼肉を食べられるところも。家庭では夜の食事というイメージが強いが、バーベキューの普及により、太陽の下で焼肉する習慣も根付いてきている。

横濱ビーフ ⇩ 夜

米沢牛(よねざわぎゅう)

山形県置賜地域(3市5町)で育てられた黒毛和種で、厳しい基準(定義)をクリアしたものだけが米沢牛と認定されている。認定条件は、1.地域内に居住し飼育者登録をすること、2.黒毛和種の未経産雌牛であること、3.生後32カ月以上飼育すること、4.日本食肉格付協会の基準の3等級以上の外観ならびに肉質及び脂質が優れていること。きめ細かい霜降りと脂の質のよさが特徴だ。

画像:米沢牛銘柄推進協議会提供

熟成肉

「肉は腐りかけがおいしい」という言い伝えは、骨が付いた枝肉の状態で食肉が流通していた時代に、食肉業者が経験的に学んだことであろう。枝肉のまま冷蔵庫で数週間吊るして「枯らす」ことで水分が抜け旨みが増す。ただし、言い伝えの「腐りかけ」というのは比喩であり、本当に腐敗が進んだ肉が出回っていたわけではない。枝肉は骨をはずさなければ酸化が急速に進むことはないからだ。

現在流行している熟成肉は、このような「枯らし」の経験から生まれたものではない。赤身肉の旨みを増すためにアメリカで考案された手法である。肉を一定の環境下で寝かせることで、肉の中にある酵素の働きによりタンパク質をアミノ酸に変化させ、旨みを引き出すのだ。このように時間をかけて肉を熟成させる手法をエイジングと呼ぶ。日本では基準が確立されていないため、業者によって熟成方法はまちまち。そのためアメリカで行われているエイジングはドライエイジングをさすのだが、ウェットエイジングという手法を使った熟成肉も出回っている。

熟成方法

ドライエイジング	温度を1〜2度に保った貯蔵庫や冷蔵庫で、枝肉や塊肉に適度な風を当てながら2〜4週間熟成させる方法。肉の表面に風を当てて乾かすことで、内部にカビが入り込むことなく酵素を働かせることができる。
ウェットエイジング	部分肉を真空パックにして、0〜2度の冷蔵庫で1〜2週間寝かせることで熟成させる手法。ドライエイジングのように水分が抜けないため、肉の質量が減らないというメリットがあるが、熟成は進みにくい傾向がある。
枯らし	枝肉のまま1〜4度に保たれた貯蔵庫に吊るし、3〜4週間放置する手法。昔の肉屋は枝肉を仕入れて店で解体していたためこのような手法を用いていた。風を当てないため熟成肉特有のナッツのような香りはつかない。

「目でもおいしく食べられるわ」

注意！ スーパーや精肉店で売られている牛肉は、すでに熟成が進んでいるので家庭で熟成させる必要はない。また専門知識とプロの技術なくして熟成肉を作るは危険なのでやめておこう。

ラーメン

中国風の麺の一種で、日本には「しょうゆラーメン」「みそラーメン」「塩ラーメン」「とんこつラーメン」などがある。食事の締めとして好む人も多く、焼肉店では牛タンやホルモンを使ったラーメンや、牛骨肉のテールラーメンなどを用意しているところもある。

酪農(らくのう)

牛や山羊などを飼い、乳やその加工品を作る農業。家畜としての牛は乳牛と肉牛に分けられるが、酪農においては乳牛が主役で乳量の多いホルスタイン種が大半を占める。飼育環境は冷涼な高地が適しており、一軒につき数頭から数百頭を畜舎や牧場などで飼育する。

ラストオーダー

店の営業時間内に行う最後の注文のこと。焼肉店の場合、閉店時間の30〜60分前に設定されていることが多く、その時刻をもって新規客の来店や注文の受付を終了する。こうした店では閉店時間に飲食が終わっている客は、すべて退店することが前提とされている。

ラベル

肉や魚、農産物など生鮮食品の品質を表示するもの。食肉の場合は「品名」「原産地名」「肉の種類・部位」「量目」「品質保持期限・製造年月日」「保存温度」「加工者の氏名と住所」のほか「冷凍肉及び解凍肉の表示」、国産牛なら「個体識別番号」などがある。

ラム

仔羊の肉のことで、日本では生後12カ月未満の永久歯が生えていないものをさす。マトンに比べて羊肉特有のにおいが少なく、北海道を中心にジンギスカン用としても親しまれている。また、馬の腰肉ともも肉の間にあるお尻の肉の一部「ギザギザ」をさす場合もある。

ラムシン

牛肉の「ランイチ」の別名で、ランイチは「ランプ（P182）」と「イチボ（P37）」に分かれる。腰から臀部（でんぶ）、ももにかけての部位で、濃い赤身とあっさりした脂身が特徴。焼肉のほか、ステーキにも向いている。

ラムチョップ

仔羊の背中部分にある肉で、あばら骨一本ごとに切り分けたもの。肉質はやわらかく、脂肪がたっぷり付いており、火を通すと香ばしく甘い香りが立つ。コクのあるまろやかな味わいが特徴で、フランス料理では定番の食材として扱われ、クリスマス料理などに使われる。

ランイチ

豚

DATA | 希少度 | ★★★★☆
| 価格 | ★★★☆☆
| かたさ | ★★☆☆☆
| 脂 | ★★★☆☆

🔥 ミディアムレア
🥢 甘口ダレ／塩ダレ／塩胡椒

豚の腰からももにかけての部位で、もも肉の中でも尻に近い部分をさす。脂肪が少なめな赤身肉で肉質もやわらかいため、すき焼きや豚しゃぶによく使われる。タンパク質が豊富でヘルシーだが、焼肉用としてはあまり流通していないため、希少な部位といえる。

ランドレース種

デンマーク原産の豚の品種で、毛色が白く、大きな耳は前方に垂れ下がっている。胴長で脂肪が少なく、赤身の割合は適。ベーコンやロースハムなど、加工肉の原料として高く評価されている。大ヨークシャー種との交雑種は、日本国内で最も多く飼育されている。

ランチ

昼にとる食事のこと。日本の飲食店では昼時のセットメニューをさすことが多い。焼肉店の場合、昼から本格的な焼肉を味わえる店もあれば、時間制の食べ放題を売りにしているところもある。いずれにしてもランチは比較的リーズナブルな価格設定となっている。

ランプ

🐄

DATA	希少度	★★☆☆☆
価格	★★★☆☆
かたさ	★★★☆☆
脂	★★★★☆

🔥 レア
🥢 塩ダレ／わさび醤油／甘口ダレ

腰からお尻、ももにかけての部位で、サーロインの隣にある。うっすらとサシの入ったきめ細かな肉はやわらかく上品な味わい。厚切りにしてステーキやローストビーフに使われることも多いが、焼肉なら薄切りの表面をさっと焼き、あふれ出る肉汁も一緒に楽しみたい。

リクエスト

要望のこと。「今日は何が食べたい？」と聞かれた子どもが「焼肉」と応えることは昔も今も同じ。また、それが贅沢な食事という認識もある。バーベキューをリクエストされる保護者も多いだろうが、準備が大変な場合は、専用施設を利用するとよい。

リサーチ

調査のこと。焼肉店を探す際、口コミのほか、テレビ番組、雑誌、インターネットを使う人が多い。とりわけインターネットの情報量は多く、メニュー、写真、口コミ情報なども掲載されている。ただし、リサーチはリサーチにすぎず、やはり自身の五感で確かめたい。

リピート

繰り返すこと。転じて、気に入った店を再度訪れること。また、飲食店においては好きな料理を何度も注文することを意味する。焼肉店の新規客が再度来店する確率は40％程度といわれており、いかにリピート率の高いメニューを作るかが人気店への近道だといえる。

リブキャップ

🐄

DATA	希少度	★★★★☆
価格	★★★☆☆
かたさ	★★☆☆☆
脂	★★★★☆

🔥 レア
🥢 甘口ダレ／醤油／塩ダレ

サーロインと並んで人気のある高級牛肉「リブロース」の最も背中側にある肉。きめが細かくツヤのある霜降り肉は見た目も美しく、肉の旨みと脂の甘みがほどよい濃厚さを持っている。焼肉の場合は薄切りにし、強火で脂を溶かしてレアで味わうのがおすすめだ。

リブロース芯(しん)

牛

DATA	希少度	★★★★☆
	価　格	★★★★★
	かたさ	★☆☆☆☆
	脂	★★★★★

🔥レア

🥢甘口ダレ／醤油／おろしポン酢

高級牛肉の代名詞「リブロース」の芯にあたる部位。リブロースの中で最もバランスがよいとされ、肉の色艶、霜降りの美しさ、舌触りのやわらかさは群を抜いている。薄切りのものを強火でサッと焼き、上品な脂の旨みととろけるような食感を楽しみたい。

流通(りゅうつう)

消費者と生産者の間を取り持ち、商品やサービスを円滑に移す働きのこと。牛や豚、鶏などの食肉は、流通の段階で「枝肉」「部分肉」「精肉」などの形態で取引されている。

料金(りょうきん)

焼肉店の多様化、食肉の流通の発展などにより、焼肉の価格帯も広がっている。高級寿司店と回転寿司、またテイクアウトで料金が違うように、焼肉も財布の中を見て、行く店、食べる肉を選ぼう。

緑茶(りょくちゃ)

摘み取ったチャの若芽を蒸気で蒸し、酸化酵素の働きを失わせて緑色を保たせた茶のこと。栽培・製造方法などによってさまざまな種類に分かれ、味や香り、淹れ方も異なる。煎茶や抹茶、ほうじ茶などが代表的で、焼肉店では食後の口直しに出てくることが多い。

旅行(りょこう)

有名な焼肉店街で名店の焼肉を求める旅もある。また韓国への旅行のプランに焼肉店が組み込まれているものもある。日本に郷土料理があるように、韓国の焼肉も地域によってまったく違う。例えば韓国冷麺にキムチが乗っているイメージを持つ人が多いだろうが、韓国の冷麺ではむしろキムチ入りは少ない。

ルール

肉を焼く順番は、脂や味付けが薄いものから濃いものへと移るのが定石とされている。これは先に濃厚な肉を食べると口の中にこってりとした風味が残り、後からあっさりとしたものを食べてもおいしく感じられないため。ルール無視の焼き方は肉を台無しにする。

リブロース芯 ⇩ ルール

りんごで育った信州牛

長野県で生育されている銘柄牛のキャッチフレーズ。「信州牛」は地元のりんご入り専用飼料を食べて育てられた肉牛のブランドで、「肉質・脂質・霜降り」のバランスに優れている。健康的に育ったその肉はとろけるようなやわらかさで、まろやかな甘みと香りが特徴。

レア

3種類に大別される肉の焼き加減のひとつで、ミディアム、ウェルダンと続く。表面は焼けているが中は余熱で少し温かくなっている程度で、肉汁が多い状態をさす。脂身が多い部位は肉汁があふれ出しやすいため、強火で表面だけをサッと焼くことが多い。

冷凍肉

食肉を生のまま長く保存するために冷凍したもの。焼肉店の中にはセントラルキッチンなどでカットや加工された冷凍肉を提供する店もある。解凍する際は旨みの詰まった肉汁が流れ出さないように、冷蔵庫で時間をかけて自然解凍するのがベストとされている。「フローズン」ともいう。

冷蔵庫

りんごで育った信州牛 ⇩ 冷凍保存

新鮮な肉や野菜を保管する上で欠かせないもの。焼肉店では大量のストックを必要とするため、大型の業務用冷蔵庫を用意している場合が多い。冷蔵庫の場合は鮮度を保つためにラッピングで外気を遮断し、0〜2度で保存するのが好ましいとされている。

冷凍保存

外国からの輸入肉は冷凍保存されたものが多い。家庭でも大量に買った肉を冷凍保存することがある。確かに保存期間は長くなるが、賞味期限や消費期限を重視したい。保存期間が長くなるとチルドが発生し、細胞が壊れて味が損なわれる。

冷麺

コシの強い麺をゆでて冷やし、肉や野菜、ゆで卵、キムチなどを乗せて冷たいスープを加えたもの。朝鮮半島由来の麺料理で、日本では多くの焼肉店でサイドメニューとして定番化している。冷やし中華と区別するために「韓国風冷麺」などと呼ばれるケースもある。

レシピ

料理の作り方を示したもの。「秘訣」「秘伝」といった意味もある。さまざまな料理のレシピを掲載した本やWEBサイトが人気を集めているが、焼肉店においてはタレの味が個性を出す大きな要素となるため、その作り方を門外不出としていることが多い。

レッドミート

文字通り赤色の濃い肉のことで、牛や羊、馬などの哺乳類の筋肉部分をさす。通常は調理して摂取されるが、内臓はレッドミートに含まれない。これに対し、赤色があまり濃くない鶏肉や子牛肉、豚肉、家兎（うさぎ）肉などは「ホワイトミート」と呼ばれる。

レバー

牛	DATA	希少度	★★★☆☆
		価格	★★★☆☆
		かたさ	★★☆☆☆
		脂	★★★★☆

🔥 ミディアムレア
🍶 甘口ダレ／塩ダレ／味噌ダレ

豚	DATA	希少度	★★★☆☆
		価格	★★★☆☆
		かたさ	★☆☆☆☆
		脂	★★★★☆

🔥 ミディアムレア
🍶 甘口ダレ／塩ダレ／味噌ダレ

肝臓のこと。焼肉では牛のほか、豚や羊のものも使われる。繊維質でやわらかく、甘みとコクがあるのが特徴。栄養価が高く、鉄分やビタミンを豊富に含むため、疲労回復なども期待できる。焼きすぎると味も食感も損なわれるため、焼き加減が難しい。

レバニラ炒め

レバーとニラを材料にした炒め物。定食店や中華料理店でのメニューとしてなじみがあるが、焼肉店で提供しているところも。

冷麺 ⇩ レバニラ炒め

レモン

ミカン科の果実で、酸味や香りを楽しむ香酸柑橘類に属する。食用としては絞った果汁を揚げ物や焼き魚などにかけて使われるほか、焼肉の塩ダレに加えられることも多い。酸味が非常に強いため、脂で重くなった口の中をリフレッシュしたいときにも適している。

ロイン

牛の背中、肩甲骨の下あたりから腰にかけての部分。「リブロース」「サーロイン」「テンダーロイン（ヒレ）」の3種類から構成され、牛肉の中で最も価値がある部位とされている。特にサーロインは英国王から騎士（サー）の称号を与えられたほど品質が高い。

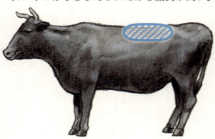

６５度

肉をジューシーに焼き上げるためのポイントとなる加熱温度。焼き加減としてはミディアムレアだが、肉の中心温度が65度を超えると肉汁が外に流れ出し、肉もかたくなってしまうため、肉汁が浮き上がってくる65度が肉をひっくり返すタイミングとされている。

ロー

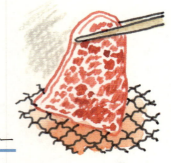

肉の焼き加減のひとつ。10段階に分けられるステーキの焼き加減の中で1つ目に数えられるが、「raw（生）」という文字の通りまったく火が通っていない状態をさす。完全な生肉はよほど新鮮でなければ食べることはできないため、難易度は高いといえる。

ロース

豚	DATA	希少度	★★★☆☆
		価 格	★★★☆☆
		かたさ	★☆☆☆☆
		脂	★★★★☆

🔥 ミディアム

🥢 甘口ダレ／塩ダレ／味噌ダレ

豚の背中側の肉で、肩ロースと隣り合う部位。豚肉の中では比較的霜降りになりやすく、肉質はきめが細かくやわらかい。火を通すと風味と香ばしさが増し、肉の旨みと脂の甘みが楽しめる。焼肉の際は肉汁を逃がさないように表面をカリカリに焼いたミディアムで。

ロースター

魚や肉などの食材を焼く調理器具。電気やガスのほか、炭火を熱源とするものもある。輻射熱によって熱がまんべんなく行き渡り、炎が直接油に触れないよう工夫されているため、落ちた油が燃えず煙が出ない。焼肉店のようにテーブルに組み込まれたタイプもある。

ローストビーフ丼

牛肉の塊を蒸し焼きにした「ローストビーフ」をスライスし、丼飯の上に並べたもの。マヨネーズや生卵、ヨーグルトソースなどをかけて食す。2016年ごろから若い世代を中心に人気を呼び、瞬く間にローストビーフ丼を扱う店が増加。そのブームは現在も続いている。

労働者（ろうどうしゃ）

仕事終わりにさまざまな職種の人が、同僚などと焼肉を食べて精を出す。また、大きなプロジェクトが終わった打ち上げとして利用されることも多い。焼肉で心と体を満たし、明日への活力にしたい。

ロストル

バーベキューなどで食材を直火で焼く際に使用する焼き網。焼肉店ではスリットの入った鉄板状のものをさすことも多い。熱源からの遠赤・輻射熱がよく伝わる従来の焼き網に対し、鉄板状のものは蓄熱性がよく、熱伝導と対流熱で肉がおいしく焼けるとされている。

ロッキー

シルヴェスター・スタローンが主演・脚本を手がけたアメリカ映画。ボクサーである主人公・ロッキーは劇中さまざまなトレーニングを行うが、精肉工場の冷凍庫の中で大きな肉の塊を殴りつけるシーンがある。そこでサンドバッグ代わりになっているのは牛肉の枝肉である。

ローリング

薄切り肉を巻いて食べる方法。肉汁がこぼれ落ちることなく、肉の旨みをしっかり口の中に運べる。また、肉が重なることで、弾力が生まれるなどの効果もあり。

ロースター ⇩ ローリング

ワイン

焼肉は脂の乗った肉が多く、タレに糖分が多く含まれているため、スパイシーでふくよかな味わいのワインやアルコール度数が高いものと相性がよい。また、一般的に肉料理は赤ワインが合うとされているが、タン塩や塩ダレ系のものであれば白ワインがマッチする。

若狭牛（わかさぎゅう）

福井県産の黒毛和種で「神戸ビーフ」や「松阪牛」などと同じ「但馬牛」の系統。色鮮やかな霜降りときめ細かくやわらかい肉質を特徴とし、厳しい品質規格をクリアした高品質なものだけが表示できる。とろけるような舌ざわりと豊かな風味で高い人気を誇る。

和牛（わぎゅう）

明治時代以降に日本の在来種と外国産の牛を交配して改良された、日本固有の肉用牛。黒毛和種、褐毛和種、日本短角種、無角和種の4種類が和牛として認定されている。「国産牛」は品種に関係なく一定の期間以上日本国内で飼育された牛のことで、和牛とは別物。

わかめスープ

さっぱりとした後味で人気のサイドメニュー。わかめに含まれるミネラルやカルシウムに加え、スープに溶け込んだ水溶性食物繊維などの栄養素をとれる。また、ビタミンB_2の働きにより、余分な糖質や脂肪が体内に蓄積されにくくなる効果もある。

ワイン ⇨ 和牛

わさび

薬味のひとつでツーンとした辛みがあり、脂身の多い肉と相性がよい。霜降り肉などを素焼き、または塩で焼き、少量のわさびを乗せて肉で包むようにして食べると脂の旨みや肉本来の味が楽しめる。また、消化作用の促進効果を持つため、胃もたれの軽減にも。

わさび醤油

さっぱり系タレの代表格。肉の濃厚な味わいに刺激を加えるとともに、口の中をリフレッシュする効果がある。そのため、特上カルビなど脂身の多い肉にマッチするが、しっかりとした旨みを持つ赤身の肉など、肉そのものの味を楽しみたいときにも重宝される。

渡部建

お笑いコンビ「アンジャッシュ」のツッコミ担当。年間500軒を巡る芸能界屈指のグルメ通として知られ、ブログ「わたべ歩き」で取り上げられた焼肉店も多数。ロースは肉を巻いて外側をまんべんなく焼くなど、食べ方にも多くのこだわりを持つ。

和風ダレ

醤油をベースにした日本人に馴染みやすい味で、砂糖や酒、ニンニク、ごまなどを調合して作られる。口当たりがよくさっぱりとしているため、肉本来の味を引き立てるものが多い。大根おろしやショウガ、辛子、柚子胡椒など薬味のバリエーションが豊富な点も魅力。

割り勘

総額を人数で割り、各自が等分に出し合って代金を支払うこと。割前勘定の略。焼肉店で複数人が食事をする場合、食べた肉の量やドリンク代にバラつきが出るため、割り勘にすると不公平が生じる場合が少なくない。ゆえに「割り勘負け」に対する配慮は必須。

割引

肉の日（29日）、焼肉の日（8月29日）、いい肉の日（11月29日）にイベントを開催する焼肉店は多く、その一環として割引メニューが設定される場合がある。中にはクーポンの配布や食べ放題を実施する店もあり、焼肉ファンにとっては見逃せない時期となる。

わさび ⇩ 割引

エバラ食品が聞きました！

家焼肉意識調査

エバラ食品工業株式会社が、20〜50代男女1,000人を対象に「家焼肉の食べ方に関する意識調査」を行った。

※2016年7月8日〜12日にインターネットリサーチした調査。

Question

どのようにお肉を焼いて食べますか？（複数回答）

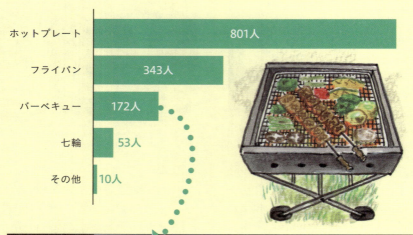

ホットプレート	801人
フライパン	343人
バーベキュー	172人
七輪	53人
その他	10人

CLOSE UP

出身地別「バーベキューをする」人の割合

1位	北海道出身	35.0%
2位	九州・沖縄地方出身	21.0%
3位	四国地方出身	19.0%
4位	中部地方出身	18.0%
5位	東北地方出身	16.0%

35.0%

Question 2
猛暑日などの暑い日に焼肉をする場合、最も食べたくなるお肉の部位は？（単一回答）

- カルビ 53.2%
- ロース 14.4%
- タン 11.8%
- ハラミ 9.8%
- ホルモン 8.8%
- その他 2%

カルビ **53.2%**

Question 3
最も好きな「焼肉のたれ」はどの味？（単一回答）

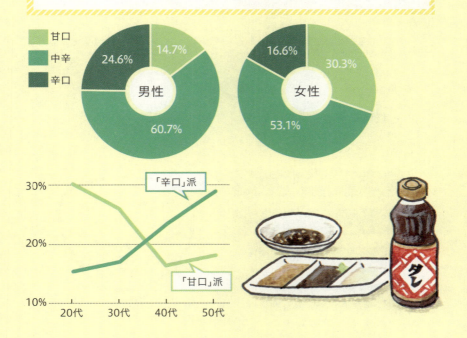

凡例：甘口／中辛／辛口

男性：甘口 14.7%／中辛 60.7%／辛口 24.6%
女性：甘口 30.3%／中辛 53.1%／辛口 16.6%

「辛口」派／「甘口」派
20代／30代／40代／50代

Question 4

焼肉をするときはどのタイプ？（単一回答）

人に焼いてもらう
殿様タイプ

1位	30代（34.8%）
2位	20代（32.8%）
3位	40代（22.4%）
4位	50代（18.4%）

人の分も焼いてあげる
奉公タイプ

1位	50代（41.6%）
2位	40代（33.2%）
3位	30代（28.4%）
4位	20代（24.8%）

自分の肉は自分で焼く
野武士タイプ

1位	40代（43.6%）
2位	20代（42%）
3位	50代（40%）
4位	30代（36.8%）

Question 5

焼肉をするときにごはん（白米）が必要？（単一回答）

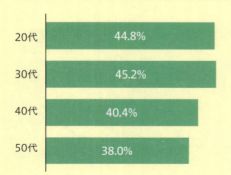

- 20代　44.8%
- 30代　45.2%
- 40代　40.4%
- 50代　38.0%

「エバラ黄金の味」
開発ヒストリー

　発売以来、長年にわたり市場をリードしてきた焼肉のたれ「黄金の味」。そのルーツは、高度経済成長期を迎えた1960年代後半に遡る。

　次々と街に開店する焼肉店の賑わいを見たエバラ食品・創業者の森村國夫氏は、「家庭でも食べられる"おいしいたれ"を作れば（焼肉という）新しい食習慣が普及する」と発想。1968年に「エバラ焼肉のたれ（醤油味）」を発売した。その後、鮮度のよい肉が流通し始めると、焼肉の食べ方は"漬け込み"から"素焼き"へと変化。また、ホットプレートの普及により、家族で焼肉を囲む機会が増えると「子どもが肉をたくさん食べられるよう、醤油や味噌ではなく、これまでにないまったく新しいタレ」を目指し、試行錯誤する。その結果、りんご、もも、うめというフルーツをたっぷりと使うことを考案し、1978年フルーツベースの「黄金の味」が誕生した。

　商品名の"黄金"は言葉の響きに重量感があることと、当時放送されていた大河ドラマのタイトルに使われていたタイミングもあって付けられたもの。容器のダイヤモンドカットは、高級感のあるデザイン性と耐衝撃性、耐久性に優れていることから採用されたものだ。同商品は2017年に大幅リニューアルするなど、クオリティの追究はこれからも続いていく。

協力　エバラ食品工業株式会社
https://www.ebarafoods.com

田辺晋太郎に聞きました！

焼肉コンシェルジュ検定

音楽家、MC、ラジオパーソナリティを本業としながら、「肉マイスター」の異名を持つ田辺晋太郎。彼が生み出した検定の実態を調査。

焼肉の料理としての最終工程は消費者である。どんなにいい素材があっても、高い技術でカットされた肉を提供されても、焼き方を失敗しては本来の魅力を得られない。焼肉が食文化のひとつになったといえども、まだ消費者の知識は高くない。こうした思いから、一般社団法人「食のコンシェルジュ協会」の代表理事も務める田辺晋太郎は、「焼肉コンシェルジュ検定」を2014年11月に始めた。2月と8月（2018年現在）に検定試験を実施し、焼肉コンシェルジュが続々誕生している。

講習内容 (例)

- ◆ 焼肉とは
- ◆ 日本の食肉の歴史から焼肉の歴史へ
- ◆ 焼肉の主な部位の特徴、名称、および由来
- ◆ 牛肉の基本・和牛とは
- ◆ 和牛と国産牛の違い
  ❶ 格付け　❷ ブランド牛
- ◆ 熟成肉とは
- ◆ いい焼肉店の見分け方
- ◆ 焼肉の潮流、和牛の未来
- ◆ 焼き方講習
- ◆ 焼き方の基本
- ◆ 火を極める

など

懇 親 会

検定終了後に希望者の方と一緒に焼肉店で食事をしながら焼肉談議を行っています！

検定主催および運営母体

主催：一般社団法人食のコンシェルジュ協会　　運営：ENBUゼミナール
検定の詳細については　http://yakiniku-concierge.com

焼肉は食の最高のエンターテイメント

命の観点では、肉はすべて平等
肉の前ですべての人は平等

血統のいい和牛ばかり追いかけるだけが焼肉ではない。焼肉の本質には、それぞれの肉の特性を活かす調理があり、焼き方があり、食べ方がある。それは牛肉に限ったことではなく、豚肉、鶏肉、また羊や鹿、ジビエにおいても同じだ。これらを無駄にしないのが、焼肉である。

雌牛や処女牛がクローズアップされる時代もあったが、長期飼育した牛がよいという考えも出てきている。日本より肉食文化の歴史が長いフランスでは、歳を経て味が出るともいわ

れ、長く飼育されたものが重宝されている。そのときの価値観だけで判断するのではなく、焼肉、さらに肉食文化にはさまざまな価値観があることを知ってもらいたい。和牛以外の肉でも外国産の肉でもおいしくすることができる。何より、これらの命は平等である。命をありがたくいただくからには、どんな肉でも大切に扱うべきではないだろうか。それが焼肉の文化を守ることにつながる。

本書を通じて、焼肉の基礎知識を身につけ、焼肉と真剣に向き合っていただけたら幸いだ。そして、焼肉を存分に楽しんでもらいたい。

田辺晋太郎

協力者紹介

牛肉の部位撮影協力
焼肉鍋問屋　志方

東京・中目黒に店舗を構える、系列に卸問屋を持つ焼肉店。希少部位の厳選和牛を、庭園を眺められる個室や、アート要素の高い内装の半個室で楽しめる。

Information
東京都目黒区上目黒2-44-24 COMS 中目黒 B1F
https://tabelog.com/tokyo/A1317/A131701/13150300/

豚肉の部位撮影協力
炭火焼ホルモン まんてん（新宿西口店）

ホルモン焼きの名店「新宿ホルモン」出身のオーナーが手がける、新鮮なホルモンが自慢の焼肉店。牛肉、豚肉とも希少な部位を七輪の炭火で味わえる。

Information
東京都新宿区西新宿1-14-3 新宿ひかりビル 6F
https://tabelog.com/tokyo/A1304/A130401/13206562/

特別付録 インタビュー協力
赤身とホルモン焼 のんき

飲食業界で人気を誇る『肉山』と『もつ焼 のんき』がコラボした焼肉店。最高の素材を提供するのはもちろん、焼肉のプロスタッフによる最高のおもてなしが約束されている。

Information
東京都新宿区舟町12 ミルボレー四谷1F
https://tabelog.com/tokyo/A1309/A130903/13195840/

監修者紹介

田辺晋太郎とは！？

1978年、東京都生まれ。音楽家やMC、ラジオパーソナリティを本業としながら、実践に基づく深い見識で肉の生産背景からベストな食べ方まで極めた、飲食店のコンサルタントやメニュー開発、プロデュースを手がけ、「肉マイスター」とも呼ばれる。また、一般財団法人 食のコンシェルジュ協会の代表理事として活動し、「焼肉コンシェルジュ検定」を実施している。『プロのための肉料理大辞典 牛・豚・鳥からジビエまで300のレシピと技術を解説』（誠文堂新光社）、『焼肉のすべて』（宝島社）など、監修、著書本も多数。各メディアにて、「肉マイスター」として多岐に活動している。

焼肉の歴史、市場、肉の部位の特性などがわかれば、肉を焼いたり食べたりする技術は身につきます！

監修	田辺晋太郎
絵	平井さくら
編集	スタジオポルト
原稿	井村幸六、中村桂
デザイン	萩原美和
装丁	菅沼祥平（スタジオダンク）
撮影	竹内浩務（スタジオダンク）
校正	岡野修也

絵　平井さくら

1986年、東京生まれ。多摩美術大学卒業後、書籍デザインの事務所を経て2017年からフリーに。雑誌、ウェブを中心に広告、書籍、動画などで、中身がよりおもしろい内容に見える絵を目指して描いている。

焼肉にまつわる言葉を
イラストと豆知識でジューシーに読み解く

焼肉語辞典 NDC596

2018年10月25日　発　行

監　修	田辺晋太郎
絵	平井さくら
発行者	小川雄一
発行所	株式会社 誠文堂新光社

〒113-0033　東京都文京区本郷3-3-11
［編集］電話03-5805-3614　［販売］電話03-5800-5780
http://www.seibundo-shinkosha.net/

印刷・製本　図書印刷 株式会社

©2018,Seibundo Shinkosha Publishing Co., Ltd.　　　　Printed in Japan　　　検印省略
禁・無断転載　　落丁・乱丁本はお取り替え致します。

本書に掲載された記事の著作権は著者に帰属します。
これらを無断で使用し、展示・販売・ワークショップ、および商品化等を行うことを禁じます。

本書のコピー、スキャン、デジタル化等の無断複製は、著作権法上での例外を除き、禁じられています。本書を代行業者等の第三者に依頼してスキャンやデジタル化することは、たとえ個人や家庭内での利用であっても著作権法上認められません。

JCOPY ＜（社）出版者著作権管理機構 委託出版物＞
本書を無断で複製複写（コピー）することは、著作権法上での例外を除き、禁じられています。本書をコピーされる場合は、そのつど事前に、（社）出版者著作権管理機構（電話 03-3513-6969／FAX 03-3513-6979／e-mail:info@jcopy.or.jp）の許諾を得てください。

ISBN978-4-416-61819-6